文化宜黄

常 铖／编著

袁小明／摄影

文物出版社

图书在版编目（CIP）数据

文化宜黄 / 常铖编著；袁小明摄影. —— 北京：文物出版社，
2018.2

ISBN 978-7-5010-4911-0

Ⅰ.①文…　Ⅱ.①常…②袁…　Ⅲ.①文化史—宜黄县
Ⅳ.①K295.64

中国版本图书馆CIP数据核字（2018）第042780号

文 化 宜 黄

编　　著：常　铖

摄　　影：袁小明

策　　划：姚飞翔　叶　峰　罗建顺　谢光明

资　　料：邵剑飞　赵焕锋　马　微

装帧设计：李　红

责任编辑：杨新改

责任印制：苏　林

责任校对：李　薇　陈　婧

出版发行：文物出版社

社　　址：北京市东直门内北小街2号楼

邮　　编：100007

网　　址：http://www.wenwu.com

邮　　箱：web@wenwu.com

经　　销：新华书店

印　　刷：北京荣宝燕泰印务有限公司

开　　本：787mm×1092mm　1/16

印　　张：17

版　　次：2018年2月第1版

印　　次：2018年2月第1次印刷

书　　号：ISBN 978-7-5010-4911-0

定　　价：280.00元

文化宜黄

山奇水润

宗禅宜韵

静美家园

目录

文化宜黄

序

　　因工作需要，我一个地道的北方人，在江西宜黄挂职，并在这座江南小城工作生活了两年，这既是人生的难得体验，同时也有着诸多"水土不服"的考验，如这里难懂的方言，饮食的辛辣，以及冬季那浸入骨髓的湿冷。但两年来，我这临时"进口老表"，满怀问拜之心，急步走进她，走进她山水间如画的田园与静美的村庄；认真了解她，了解她曾经的深远与如今的宽博；很快融入她，融入她的人们的热情与幸福着的忙碌。

　　我徜徉在这江南的水乡中，那群山逶迤着的满眼的绿，那雨后如水墨样的空蒙，那晨起的云涌与落日的霞飞，那水田里的盛开如洗的清莲，那稻浪上轻盈展羽的白鹭，还有那山谷间悠闲食草的青牛，其间我智山乐水、兴感抒怀。

　　我沉浸在她的历史文化积淀里，寻访一座座禅窟遗迹，拜谒一处处先贤墓冢，走入一座座明清老宅，在宜黄戏的古韵里，在禾杠舞的跃动间，在夏布织娘的弄梭中，手捧泛黄的书卷，我寻踪觅迹，访古问今，寻章摘句。虽不善诗文，也不禁提笔感怀：

忆江南（宜黄乡道中）

江南好，

微雨落江峦。

潋潋波烟漫秋水，

渺渺白雾卷苍山。

人在云水间。

忆江南（玉泉山）

江南好，
清溪掩翠峰。
横岭森深眠司马，
屏崖泉醴待徐翁。
丝箫镰杠声。

宜黄晨晓

宜水流，黄水流，蜿蜒婉转百花洲。
渔舟挥网波烟起，朝曦东望卓岭头。
凤栖凤冈凤落足，狮隐狮峰狮回首。
曹石相顾闻钟鼓，曲韵隔江舞亭楼。
云山冬笋方出土，平川荷稻已尽收。
一湾碧水东流去，几羽白鹭立青牛。

　　两年来，我享受着朋友们对一个外乡人的真挚，一起工作，一起忙碌，一起谈文论道，一起海阔天空，我喜爱这样的点头之情，白水之交，君子之谊。

　　两年后，我克服了这里的湿冷，喜爱上了这里的辛辣，习惯了人们的言语方式。工作之余，对宜黄历史文化做了简要梳理，并由这里朋友们众议审定，成《义化宜黄》。在即将北归之际奉上，留与朋友们，权作小礼。

2017 年 12 月

壹 宜黄文化概述

山奇水润，宗禅宜韵，静美家园

　　宜黄县地处武夷山西翼，位于江西省中部偏东，居抚河上游，北临赣抚平原。因县址设于宜水、黄水汇合而成的宜黄河两岸，而得名"宜黄县"。宜黄山清水秀，群山逶迤、碧水环流，生态良好，被誉为"八山半水一分田，半分道路和庄园"。县内军峰山、鱼牙嶂、大王山等群峰耸峙，杉林、竹海延绵不绝，丹霞地貌点缀其间，景观险绝奇异；宜水、黄水、曹水、梨水、兰水等水脉河流纵横交错，大小湖泊星罗棋布；这里土地肥美，农业气候条件优越，自古即为鱼米之乡（图 1 ~ 9）。明代地理学家、探险家徐霞客曾在宜黄流连驻足多日，并将此地多处地理人文景观载入其游记。清嘉庆年榜眼、侍讲学士谢阶树在《宜黄竹枝歌》中描绘其家乡："梯田峻岭水无忧，近水洲田旱有收。一岁农民庆三熟，谁人同我乐郊游。"

　　宜黄历史悠久。从考古发现的多处先秦遗址证明，早在商周时期乃至新石器时代，这里就有古人从事生产生活活动。三国吴太平二年（257 年）建县，已有 1760 余年的建县历史。隋唐间时置时废，北宋开宝元年（968 年）设宜黄场，开宝三年（970 年）升场为县迄今。宜黄群山的雄奇，绿水的灵秀，适宜的气候，古时较为发达的水运交通，以及传统农业社会中人们相对富足的生活，给浸润文明、滋养文化提供了较为优越的条件和丰厚的给养。

　　宜黄自古民风淳朴。人们临水而居，以传统的耕读方式创造和传承文明。明代抗倭名将、兵部尚书谭纶著有《宜黄城记》，称其家乡宜黄"其地僻，其土腴瘠半，其俗男耕女织，士读诗书，敦行谊，

图1　宜黄老县城

人不知商贾末作，故无偷盗斗狠侈靡之习，称易治焉"。谢阶树在《宜黄竹枝歌》中赞誉宜黄山水人情，"予生长于斯，闻见最熟，爱其山虽多而不杂，水虽清而不激，风俗淳厚，无浮嚣之气，韶韶龆龀居游有熙皞之观，泉甘土肥，草秀木异，如桃园鸡犬自成一村"。宜黄人吴祖馨在其诗作《贯虹渔唱》中描写和记述了宜黄当时令人陶醉的渔牧田园生活，"鼓棹来何处，青山绿水旁。得鱼聊唱和，无笛自宫商。秋柳官桥冷，春帘酒市香。日斜风定后，儿女话渔庄"。

　　宜黄文化源远流长。在漫长的历史长河中，生于斯长于此的先民们创造了源远流长、灿烂多姿的宜黄文化。宜黄文化既与临川文化一脉相承，又具有浓郁的地方特色。其中，以棠阴锅底山新石器时代晚期环壕聚落遗址为代表的众多先秦文化遗址，显示了早在先秦时期，宜黄就已有先人在这里生息繁衍和创造文明；以乐史、谭纶、黄爵滋、欧阳竟无等为代表的众多著名历史人物，佐证了宜黄儒学底

图 2　宜黄新城

蕴的深厚和崇学重教的辉煌成果；马祖道场石碧寺、曹洞宗祖庭曹山宝积寺等众多佛教寺庙，代表了宜黄佛教禅文化的兴盛与繁荣；以宜黄戏为代表的地方戏曲文化以及二黄腔的传播，体现了宜黄人民在广泛文化交流的基础上勇于融汇革新的文化精神，且为中国戏曲文化做出了重要贡献；以禾杠舞、神岗傩舞、棠阴夏布为代表的乡土文化，充分显现了宜黄劳动人民不懈的文化追求和强大的文化创造力；以麻织古镇棠阴、诸多古村落为代表的明清古建筑群，传承着宜黄人历代生活印迹和记忆中的"乡愁"；以红军第四次反围剿主战场——黄陂战役、东陂战役旧址为代表的红色革命遗址，记述着红军两次大捷的辉煌战绩，记载着这块苏区热土为革命贡献的无上荣光；历史上文人墨客吟咏宜黄山水所留下的无数诗文华章，折射出了宜黄"俯仰天地、崇山敬水"的山水文化精神。

宜黄文化，她源于仰山敬水，成于崇学重教，兴于兼容并蓄，盛于异彩纷呈。诸多文化形式，各具特色又彼此影响，共同记述着这

块热土上发生的故事，含蕴着先民的无穷智慧，守望传承着宜黄的文化基因与根脉。

宜黄文化犹如一条不息之长河，她从遥远汇涌入现代，又必将会从现代畅流进更加遥远的未来！

宜黄历史建置沿革

宜黄春秋时属吴国，战国初属越，楚灭越后属楚，秦统一后属九江郡，西汉为南城县域，东汉分属临汝、南城县地。

三国吴太平二年（257年），分豫章郡之临汝、南城，立临川郡。同年，析临汝地立县，是为建县之始。因县治在宜、黄二水汇合侧，故名宜黄，属临川郡。

图 3　宜黄河畔
图 4　宜黄华南虎广场夜色
图 5　宜黄山色

图 6　绿野山村

图 7　山村晨晓

西晋元康元年（291 年），析荆、扬十郡置江州，辖临川郡，宜黄隶之。南朝陈武帝永定元年（557 年），析江州立高州，宜黄仍属临川郡为侯国。隋初，改高州为江州。开皇九年（589 年），废临川郡设临川县，废巴山郡设崇仁县。宜黄并入崇仁县。宜黄自建县起至此 332 年。唐武德五年（622 年），又析崇仁地置宜黄，隶抚州。武德八年，复并入崇仁。从武德八年至宋乾德五年（625 ~ 967 年）宜黄未置县。其时州郡建置时有变化，但宜黄地属崇仁，隶抚州不变。

北宋开宝元年（968 年），南唐后主李煜割崇仁县之崇贤、仙桂、待贤三乡置宜黄场，场署设仙桂乡长春里，仍属崇仁。县民胥仕隆等以"去崇仁甚远，民苦之"为由，请于南唐后主升场为县。开宝三年（970 年），后主准其请，遂升场为县，隶抚州，设县治于黄填镇（今凤冈镇）。开宝八年（975 年），南唐土地尽入于宋，改抚州为军州，抚州军归宋。自此宜黄设县及县名均未变动。南宋绍兴十九年（1149 年），改抚州为抚州府，宜黄属之。元至元十三年（1276 年），抚州军改抚州路，宜黄隶之。

明洪武元年（1368 年），抚州路改抚州府，宜黄属之。九年，废行中书省设承宣布政使司，下分道、府，宜黄属江西承宣布政使司湖东道抚州府。清袭明制。

图 8　绿野山村

图 9　白鹭展羽

　　1912 年，废府，各县直辖于省。1914 年，江西省分四道，宜黄属豫章道。1926 年废道，各县直辖于省。1932 年，江西省 83 县划为十三个行政区，宜黄属第八行政区。1935 年后，江西省五次变动行政区，而宜黄至解放前夕均属第七行政区。

　　第二次国内革命战争时期，宜黄一度建立县苏维埃政权。1929 年，宜黄县革命委员会筹备委员会成立。1931 年 4 月正式成立县革命委员会。同年 11 月于吴村（现宁都县辖地）成立县苏维埃政府，之后迁东陂（1932 年 3 月）、黄陂（1932 年 7 月）、罗家湾（1933 年 11 月）、白竹（1934 年 1 月）、金竹（1934 年 5 月，现乐安县辖地）。1934 年 6 月，中共乐安中心县委决定将乐安、宜黄、崇仁三县苏维埃政府合并，成立乐宜崇三县联合政府。1934 年冬至 1935 年，苏区先后被国民党军占领。

　　1949 年 5 月 10 日，宜黄县城解放。解放后，宜黄隶属抚州地区（分区、区、专区）。2000 年 7 月 10 日抚州地区改为市，宜黄隶属抚州市。

　　　　　　　　（《宜黄历史建置沿革》内容摘自《宜黄县志》，1993 年）

先秦文化

早期祖先的美丽家园

　　抚河，位于江西省东部，是鄱阳湖水系主要河流之一，发源于武夷山脉西麓广昌驿前血木岭，全长 312 千米，流域面积 1.5811 万平方千米，抚州市以河为名，宜黄地处抚河上游。

　　2014 年，国家文物局和江西省文物局启动并实施了抚河流域先秦时期遗址考古调查工作，取得了重要成果。宜黄是此次考古调查的主要区域之一。经对宜黄县内的考古调查，发现了十七处先秦遗址（图 10），并采集了大量陶器、石器等早期人类生产、生活活动的遗物，发现大量遗迹，显示了先秦时期这里人口数量较多和文化较为繁荣。

　　2016 年 12 月，在棠阴镇上坪村，又调查到了多处新石器时代晚期遗址，从而发现了以锅底山环壕遗址为中心的聚落群。这些遗址，证明早在新石器时代，宜黄就有人类在此繁衍生息、生产生活。

锅底山环壕聚落遗址

　　遗址位于宜黄县棠阴镇解放村大坪上自然村东约 150 米处，西南 650 米即抚河支流、宜黄县主要河流之一宜水河，周围为山地丘陵地带。

　　2016 年年底，在该遗址区域发现部分早期陶片和石器遗物。2017 年 7 ~ 10 月，经国家文物局批准，江西省文物考古研究院与抚州市文物博物管理所、宜黄县文物管理所联合组队对该城址及周边展开了考古调查、勘探与发掘工作（图 11 ~ 13）。

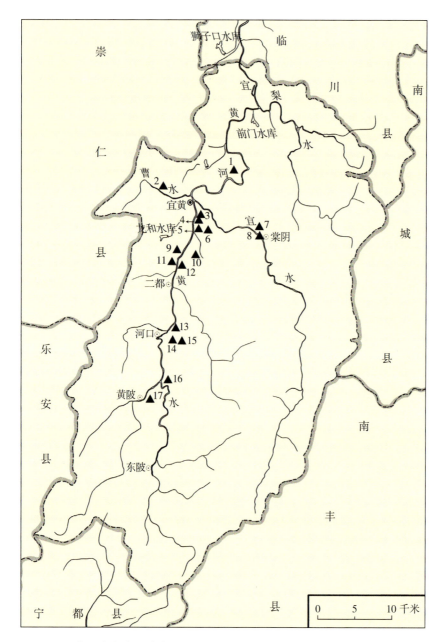

图 10　宜黄县先秦遗址分布图

1. 岭源遗址　2. 新亭下遗址　3. 崇仙亭 I 号遗址　4. 崇仙亭 II 号遗址　5. 崇仙亭
III 号遗址　6. 崇仙亭IV号遗址　7. 锅底山遗址　8. 太坪上遗址　9. 爬尔山遗址
10. 汪家遗址　11. 王土山遗址　12. 白槎村遗址　13. 上钟遗址　14. 凿石圳 I 号
遗址　15. 凿石圳 II 号遗址　16. 浦建岗遗址　17. 黄陂遗址

图 11　锅底山环壕聚落遗址全景

图 12　锅底山环壕聚落遗址发掘区全景

图 13　锅底山环壕
　　　　聚落遗址发
　　　　掘现场
图 14　锅底山环壕
　　　　聚落遗址出
　　　　土石器

经考古勘探发掘，初步确认此处为新石器时代晚期环壕聚落遗址，由台地、城墙、壕沟及外壕堤四部分组成，遗址分布面积约为42000余平方米。其中遗址中心区域为长方形台地，长105、宽65米，地势南北高中间低，高出四周农田约2～5米，总面积约6800余平方米。中心区外围绕环壕沟和壕堤。其中，北壕沟宽约40米、西壕沟宽约38～43米、南壕沟宽约36～43米。外侧东壕堤因历代农耕被毁，其余均有残存。

此次发掘区域位于台地的西北角、北壕沟和西壕堤，发掘面积360平方米。该遗址文化堆积较厚，一般在2米左右，共分四层。发掘清理的遗迹主要有墙基、柱洞、灰坑等。出土遗物主要为石器及陶器，石器有锛、斧、镞等；陶器有罐、鼎（足）、豆、鬶、盉等残片及纺轮等。陶质分印纹硬陶与夹砂陶，印纹硬陶主要为灰色、红色，纹饰较为丰富，常见有方格纹、菱格纹、席纹、绳纹、交错绳纹、刻划纹、雷纹、篮纹等；夹砂陶陶色见有浅灰色、浅黄色、红色，均为素面（图14～17）。根据各层出土的遗物与周边遗址对比，其年代主要可分为新石器时代晚期、夏至早商时期、商周时期。

根据解剖情况，城墙、壕沟、壕堤均为人工形成，明确了环壕遗址构成的基本元素；从地层叠压关系及包含物分析，可判断其时代应为新石器时代晚期。

通过对典型地层和出土遗物的分析比较，基本可以构建锅底山环壕聚落遗址为新石器时代晚期、夏至早商时期、商周时期的时空框架。此外，通过调查，还发现锅底山圹壕遗址周边分布有太坪村、屋沿山、炮沿山、塔前山、杨家山、菜籽山、下寮山、辽家山、朱单界9处同时期山岗坡地遗址，说明该区域已形成了以锅底山遗址为中心的新石器时代晚期到商周时期聚落群。这些遗址、遗迹和遗物的发掘和出土证明，早在新石器时代晚期，宜黄就有人类在此繁衍生息、生产生活和创造、延续文明。

2017年12月，中国社会科学院考古研究所、北京大学、西北

图15 锅底山环壕
　　　聚落遗址出
　　　土陶器

图 16　锅底山环壕
　　　聚落遗址出
　　　土陶器残件

图 17　锅底山环壕
　　　聚落遗址出
　　　土陶纺轮

大学、厦门大学和多家省级考古研究机构的 20 余位专家，在宜黄召开研讨咨询会议，专家们对遗址价值、重要性、发掘工作给予充分肯定。专家认为，作为新石器时代晚期环壕聚落遗址，锅底山遗址考古发掘在江西尚属首次，极大地推动了江西及南方片区先秦时期的考古发掘及研究工作进一步深入，为建立抚河流域先秦文化编年序列奠定了良好基础，为厘清樊城堆文化的发展脉络及下限问题提供了珍贵的实物资料；对了解长江中下游区域文明模式，确立其在中华文明多元一体格局中的地位和作用提供了新的思路和视野，具有重要学术意义和文化价值。

历史名人文化

宜黄之学者，固多良士

宜黄先民们多秉持耕读传家风尚，推尚儒风、崇学重教。宜黄历史上书院义学、私塾与官办县学、社学教育并行。

唐有罗氏兄弟在洋陂（即棠阴）创办湖山书院、三湾书院。宋代以后，县内各地兴办书院，据清同治年间《宜黄县志》记载，宜黄历史上有书院25所，其中北宋鹿冈书院（杜子野别墅）、仙洞读书堂、五峰精舍（宋乐史别墅），清康熙年间知县张有泌设立的凤冈书院，以及清嘉庆年间崇文书院等较为著名。

宜黄自北宋始即兴办县学。唐宋八大家之一、北宋文学家曾巩于北宋皇祐元年（1049年）应宜黄县之请，作教育理论名著《宜黄县学记》，在学记中他肯定"宜黄之学者，固多良士"，并对时任县令李详治县有方、建校舍、完备图书、兴办县学、培养人才的做法进行了记述，给予褒扬。元代至元年间，设社学五所，以教启蒙童。清咸丰年间重修县学，著名政治家、思想家、文学家、被誉为"禁烟第一人"的宜黄人黄爵滋在《重修宜黄县学记》中说："宜黄之有学实昌丁宋，南丰记之伟也。十是山川郁积之奇与胶庠陶淑之盛，因时发现，代有闻人。"

教化之行，人才必兴。据统计，自南唐入宋，抚州第一位进士乐史之后，直到清代，宜黄共出文进士158名（其中宋代106名，元代1名，明代6名，清代45名），武进士5名。清同治十年（1871年），知事张兴言在《宜黄县志》序中云："尝览狮石之雄、凤冈之盛，山水清越、佳气郁葱，知必有奇人名士生其间。"如其所言，宜黄历史文化名人灿若繁星，在政治、军事、科技、文学、宗教等诸多领域做出了杰出贡献。其中，最杰出的代表是北宋地理方志学家和文学家乐史，宋代水利专家侯叔献，明代兵部尚书、抗倭、戍边名将、军事家谭纶，清代刑部左侍郎、"禁烟第一人"黄爵滋，近代佛教唯识宗代表人物、佛学大师、著名佛学教育家欧阳竟无等。新中国成立后，有物理学家余瑞璜、吴式枢和机械专家程孝刚三位宜黄籍科学家为中国科学院院士。

他们从宜黄走出去，成就了家国大业，在漫漫历史长河中光芒耀眼，彪炳史册，同时也将宜黄和宜黄文化带往全国，远播海内外。

乐史

乐史（930～1007年），字子正，黄陂镇霍源村人。北宋地理

图 18 乐史著书图
（邹湘溪作）

图 19　乐史牌楼

位于乐史故居巷口，建于明代，砖木结构，原为四柱三门三楼式，高5米，宽3米，外二柱用砖封裹，原顶单檐，斗拱承托。现为抚州市级文物保护单位。

图20 乐氏宗祠

位于黄陂霍源村口，清代建筑。

学家、方志学家、文学家。他于南唐举进士，以进士第一入朝，是隋唐开科举以来抚州第一位进士。历南唐，入宋后为平原主簿，宋太平兴国五年（980年）复登进士。先后任过著作郎、太常博士、水部员外郎及舒州、商州等地的地方官员。宋景德四年（1007年）卒于洛阳，被追赠为兵部侍郎（图18～20）。

乐史学识渊博，勤于著述，前后著书20余种，1018卷。其最具代表的是宏篇巨著《太平寰宇记》，全书200卷，130余万字，是继唐代《元和郡县图志》以后的又一部采摭繁富的地理总志。该书对北宋各州县的山川形胜、历史沿革、风俗、物产、人物和艺文等，都有较详细记载。尤其是对当时唐宋两代户口、人口发展、物产等作了详细的记述，为后世研究地区经济的发展和人口分布等提供了宝贵资料。后世人称阅览此书，可以"不下堂而知五土，不出户而观万邦"。

乐史还是文学大家，他的传奇小说很多，有《广卓异记》《诸仙传》和《神仙宫殿窟宅记》等200余卷，其中《杨太真外传》《绿珠传》等是古代小说的优秀篇章，历经千年而不失其光彩，广泛流传至今。乐史遗有名作《慈竹诗》。据传，乐史在四川陵州做官时，看到当地慈竹丛生，慨然而叹："非独物象之奇，实乃草木之义门也。"挥笔作五言长诗《慈竹诗》。据说，他将慈竹移栽到家乡霍源村，又在家屋屏风上书写《慈竹诗》，勉励后人。乐史调到朝中做官，将《慈竹诗》献给皇帝，真宗皇帝甚为赞赏，并和诗四章赠乐史。其中一章是："堂前慈竹绿荫荫，堂下儿孙孝悌心。和气一门仁道尽，传家何用满箩金。"

王安石十分敬佩乐史的博学和才华，北宋熙宁八年（1075年），身居相位的王安石为《乐氏十三修宗谱》撰写了《乐氏源流前序》，对乐史做了高度评价，称赞他"文辞博赡，材器恢宏"。

慈竹诗

（宋）乐史

予知陵州，见城郭村坞中有慈竹，生向内，不离根本，非独物象之奇，实乃草木之义门也。唐王勃、乔琳虽各为赋，而孝慈之惩劝无闻焉，因为诗以识之。

蜀中何物灵，有竹慈为名。一丛阔数处，森森数十茎。
长茎复短茎，枝叶不峥嵘。去年笋已长，今年笋又生。
高低相倚赖，浑如长幼情。孝子侍父立，顺孙随祖行。

慈爱必孝顺，根枝信天成。吾闻唐之人，孝行常忻忻。

郓州张公艺，九世同一门。大帝闻其名，衡茅降至尊。

冯宿印岁时，随父庐祖坟。父子相随孝，灵芝特地春。

北海吕元简，四世为家主。以至牛马羊，异母皆相乳。

虞乡董恭直，鞠养诸孤遗。鹁鸪与鸦鹊，同巢而共枝。

孝行动天地，鸟兽皆随时。又闻猰然兽，死不相弃离。

蝘蜗与鲛鱼，子母长相随。兽面而人心，此兽信有之。

兽心而人面，其人诚可悲。李钧为侍御，弃母在温州。

母因殍饿死，甘旨何悠悠。光禄李玕者，亦是斯人流。

有母不侍养，异居经千秋。唐家法网宽，贷死流退陬。

崔湜为侍郎，天子赐瓜香，携归与爱妾，老母不得尝。

一旦恶贯盈，杀之于路傍。越公钟绍京，至孝何殊常。

少时得果瓜，先解进高堂。长大遇玄宗，荣华不可当。

孝者名常新，逆者污人伦。人既不如竹，乃是一埃尘。

夫为人子者，莫若事尊亲。夫为人父者，莫若教儿孙。

积善与行孝，可以立其身。我愿移此竹，栽于率土滨。

使彼行人见，皆为慈孝人。樵童见此竹，且莫伐为薪。

（摘自《宜黄县志》同治十年版）

杜子野

杜子野（1010～1079年），江西宜黄中港人，北宋乡贤隐儒。自幼勤奋，以博学闻名，平生致力办学，创有鹿冈书院，又曰"拿云馆"。少年王安石受学于此，"荆国自临川负箧来游，朝夕与子野赏奇析疑"。熙宁六年（1073年），被朝廷授予"特奏名"进士。

相传，少年王安石拜宜黄杜子野先生读书的地方，称为"仙洞"，南宋嘉泰四年（1204年）县令吴绍刻"读书堂"（图21～23）。明代徐霞客曾游此地，并在游记中记载："岩高崎若列锦屏，上穹下逼，

图 21　读书堂丹霞景观

图 22　读书堂

位于宜黄县凤冈镇北关村，为典型丹霞地貌。"读书堂"三字为宋代石刻，据载刻于南宋嘉泰四年（1204 年 ）。"清理"二字石刻刻于南宋乾道九年（1173 年），每字 50 厘米见方。字迹局部风化，但"清理"两字仍清晰。

图 23　洗笔池

其西垂忽透壁门。穿石而入，则众山内若另一世界。而是岩甚薄，不特南面壁，面北面穹复，更奇其穿透之隙，正如度之天岩，亦景之最奇者也。"

清同治版《宜黄县志》载：北宋名相王安石少年在此拜宜黄杜子野先生为师，"负箧拜师、闭门勤学"。在仙洞石窟内常与先生"赏奇析疑"，留下"秉烛达旦而过村借火"的故事，有诗"苦读天已晓，日高竟忘饥，早知灯是火，饭熟几多时"，千古传颂。

王安石做了宰相，杜子野去见他，问杜有何求，子野指壁间颜真卿所书东方朔画像赞碑拓本。王安石取下像赞，并与金帛相赠。杜子野只收下像赞，余均退回，表现了这位乡贤甘于清贫、崇尚先贤的高尚情操。

清嘉庆年榜眼、侍讲学士谢阶树曾以诗记录此事："子野才堪介甫师，鹿冈书院鹿冈陲，荒凉四代拿云馆，不见东方像赞碑。"

清代黄爵滋拜谒杜子野先生墓，留诗："蛟云云气接青天，指点遥知葬昔贤；一石何惭高弟报，六官惜误本师传；定林寂寞三千里，宋社邱墟七百年，只有下胡塘畔水，朝朝呜咽墓门前"。

侯叔献

侯叔献（1023 ~ 1076 年），字景仁，宜黄新丰乡侯坊人（图24），北宋水利专家，王安石变法的得力助手。侯叔献从小胸怀大志，读书刻苦，北宋庆历六年（1046 年）中进士。始任雍丘县尉，改桐庐县令，所到之处，皆有政绩。后调制置三司条例司任秘书丞，参与议法。

北宋熙宁三年（1070 年），正值王安石推行新法之时，侯叔献擢升都水监，提举沿汴淤田。他长年奔走各地，察看山川地势，吸收群众治水经验，辟大湖、立新堤、开支流，引樊水和汴水淤田治理盐碱地，经过数年努力，将汴河两岸荒芜之地变成 40 万顷良田。熙宁六年（1073 年），迁河北水陆转运判官兼都水监。他主持引京、索

二水，开挖河道，设置河闸，调节用水，既利灌溉，又利水运。后又亲自督率民工疏浚了白沟、刀马、自盟三条河流，修复废塞的朝宗闸，开河两千余里，大面积改善了当地农田灌溉条件。熙宁八年（1075年），主持引汴入蔡工程，使航运畅通。

　　侯叔献一生心血都倾注在水利事业上，他的治水主张曾遭到反对王安石变法的保守派诋毁。但他不为所动，坚持治水，取得卓越成效。宋神宗嘉奖他："古人所谓勤于邦，尽力乎沟洫，于卿无愧。"由于他"以勤感疾"，熙宁九年（1076年），病逝于扬州光山寺治水任上。宋神宗停止视朝一日，以示哀思。王安石特作《叔献公挽诗》一首："江河复靓舜重瞳，荒度平成继禹功。爱国忘家钦圣命，劳身焦思代天工。光山寺远星辰暗，薤露歌残血泪红。臣子如公直不愧，两全忠孝古人风。"以示悼念。

图 24　侯氏宗祠

位于新丰乡侯坊村，清代建筑。

邹极

邹极（1043～1107年），字适中，号一翁，又号赤松。宜黄县城西门人（图25）。北宋名臣，官至朝奉大夫、户部侍郎。

北宋英宗治平四年（1067年）中进士，初任吉州泰和县主簿，后为永新县令、衡州茶陵丞。神宗熙宁年间，宰相王安石主持变法，认为邹极其才可试，召至朝廷，暂代审官主簿，并派往河北视察官营贸易市场。邹极不畏权贵，兴利除害，更法去弊，深得百姓好评。不久为开封府界提点司勾当公事。熙宁三年（1070年），王安石在开封府试行免役法，邹极提出的意见，大多被采纳。

元丰二年（1079年），为御史台推直官。三年（1080年），代理提举江南东路常平事。六年（1083年），代理荆湖南路转运判官。

图25　宜黄西门路古街

当时，朝廷为了增加赋税，将熙宁时期市易法所确立的食盐可官卖，也可私营，全部改为官卖，禁止私营市场。邹极认为不当，提出异议，被指责为不奉法，贬斥回家。七年（1084 年），被召为户部度支员外郎。元祐初年（1086 年），任提点江南西路刑狱。适逢广东岑操起兵，围困新州（今广东新兴县）。经略张升卿派遣童政、郭昭升率军讨伐。童、郭纵兵沿途杀人抢劫，百姓诉冤。朝廷命傅燮查处。傅畏惧童、郭权势，不敢反映实情，遭苏轼等人弹劾。朝廷召见邹极，命他在处州（今浙江丽水）设院，审理此案。邹极不畏强权，秉公执法，查明真相后即刻回奏。童政被处死，郭昭升发配沙门岛（今山东长岛县西北庙岛）充军。邹极声誉大震朝野。

绍圣元年（1094 年），起为户部官，以母老辞。徽宗大观元年（1107 年）卒，年六十五，葬宜黄县凤冈镇潭坊村西井玉泉寺附近。著有《宜川文集》30 卷，已佚。其为家乡宜黄作《重修石碧义泉禅院记》，并存世。

吴余庆

吴余庆（1385 ～ 1462 年），字彦积，号斯白，棠阴人。明朝书法家。明永乐六年（1408 年），以文声被推荐赴京入阁院，编写《性理大全》等书。书成，除中书舍人，授徵仕郎，后改任右春坊，旋任右通政参议，再擢升右通政。当时正值奸党王振当权，许吴余庆以侍郎。吴余庆是非分明，不畏权贵，"乐为朝廷参议，不做王家侍郎"。不久王振阴谋败露，满朝皆赞吴余庆气节可嘉，屡次受到皇上的褒扬。他从政 40 余年，从不踏权贵门，始终清正廉明，致仕回归故里时，随带的只有皇帝赐给他的一些书籍而已。

吴余庆擅长诗文，著作有《斯白集》《流芳集》传世。尤其精于书法，楷、草、篆、隶，均有造诣。朝廷凡金银宝册、铁券浩敕、御制诗文，均敕令余庆手书。他的书法被书家评价为"楷如美女簪花，草如瑞云飞空，流水赴壑"，其家乡棠阴"承恩坊"三字（图 26），据传是他的真迹。

吴余庆曾为家乡棠阴八景之一"枫林夜月"题诗："田南有陂陀，千峰叶初赤。皎月出黄昏，交柯悬素魄。寂静风露寒，微茫海天白。斜影落陂池，余晖满阡陌。安得王子晋，行歌共吹笛。饮罢一樽酒，复酌林泉石。"

清嘉庆年榜眼、侍讲学士谢阶树在《宜黄竹枝歌》中以诗赞吴余庆："吴公鲠直振朝纲，不作王家老侍郎。六草三真经劫火，一缣何处问流芳。"

图 26　承恩坊

承恩坊坐落在棠阴老街，始建于明宣德五年（1430 年），是时任县知事谭政为当时皇帝"恩赐"荣归祭祖的吴余庆所建，故坊名承恩。明隆庆四年（1570 年）曾重建。

谭纶

谭纶（1520～1577年），字子理，号二华。江西宜黄县潭坊人。明代著名的抗倭名将、杰出军事家、戏曲活动家。隆庆六年（1572年）七月，因南击倭寇、北御蒙古之功，谭纶被任为兵部尚书，兼理京中军务。万历元年（1573年），再被神宗召为兵部尚书，加太子少保衔。万历五年（1577年）四月，谭纶卒于任上。纵其一生五十八载，他抗击倭寇、筑城戍边，知人善任、总揽军事，勤于著述和促进浙赣地方戏曲文化交流，展现出卓越的军事才能、政治方略和深厚的文化素养，功垂不朽。明神宗皇帝用"文武忠孝"评价谭纶。同为明抗倭名将的俞大猷赞谭纶"器量足以包天下，精诚足以孚天下，廉洁足以服天下，学识足以周天下。又有实才略，实事功，足以副天下"。清代纪昀将谭纶著述录入《四库全书》，并盛赞谭纶"计其功名，不在王守仁下"。

嘉靖二十三年（1544年），谭纶中进士。二十七年（1548年），被授南京礼部主事。不久，补兵部郎中。时有倭寇逼近南京城下，官员惊慌失措，将士怯懦不前。谭纶则挺身而出，请命募五百壮士，用计以少胜多，击退倭贼。二十九年（1550年），浙江倭犯猖獗，谭纶受命为台州知府。他募集乡兵千人，"教以荆楚剑法及方圆行阵"，严格训练，成为劲旅。三十六年（1557年）五月，倭寇侵扰台州一带，谭纶率兵大挫倭犯。三十七年（1558年）四月，倭寇再次聚集数万人窜扰台、温、福、泉和漳州等地，谭纶亲率精兵与倭寇大战，三战三捷。因功，谭纶升浙江按察司副使，巡视海道，转右参政使，兼治兵事。此时，他与浙江金都司、参将戚继光和浙江总兵俞大猷等联合，转战于浙江沿海，屡战皆捷，至嘉靖四十年（1561年），浙江倭患得到平息。当地百姓为纪念他的功绩，于嘉靖三十九年（1560年）在临海县城东建造了谭公祠。祠内立谭纶画像碑（图27），为谭纶画像并以文字记述他在台州的功德。

图 27　临海县谭纶画像碑

嘉靖三十九年（1560 年），
临海人在县城为谭纶建
祠。祠内所立谭纶画像碑
（高 2.3 米，宽 1.07 米，
厚 0.13 米）碑端篆额"前
郡太守谭公画像"八字，
额下刻题记，述谭纶在台
州的功德以及戚继光表功
碑"勒公像于堂"的经过。
题记之下为谭纶画像，像
为画描线刻，谭纶居中端
坐，头戴乌纱，身着官服，
额下微须，神情端庄。左
右刻老少二侍者，左捧剑，
右捧印。

图 28　八达岭长城题名碑

2006 年 8 月，在八达岭长城南十楼的修缮过程中，意外地在城墙下发现了一块明隆庆三年（1569 年）的长城题名碑，碑文上清晰刊刻了修筑长城的 17 名明代官员的姓名，第一位就是"宜黄谭纶"。

图 29　延庆谭纶门神像

谭纶在总督蓟辽期间，所采取的分路设防、设置援军等军事措施、修筑以空心敌台为特征的蓟、昌二镇长城，都对延庆后来发展产生过深远的影响。直到今天，全世界瞩目的八达岭长城都是延庆人的骄傲。如今，北京延庆人绘谭纶像为门神，以纪念其功。

　　嘉靖四十二年（1563 年），倭寇又在广东、福建沿海大肆劫掠。朝廷命谭纶为右佥都御史、福建巡抚，提督福建军务。谭纶日夜兼程，急赴平海卫。他居中指挥调度、运筹帷幄，命浙江副总兵戚继光火速从广东、江西一带回闽；令福建总兵俞大猷，整饬营内，疏通河道，扼守海口，断敌退路；着广东总兵官刘显速率军驰赴兴化，对倭寇实行重围。四月上旬，各路进剿军先后入闽，分头进击，一举歼敌 2200 余人，解救被掳男女 3000 余人，随即收复兴化城。谭纶以军功升右副都御史。次年二月，2 万余倭寇又围攻仙游等地，谭纶亲率戚继光部驰援，攻下仙游，斩敌千余人，又追歼逃倭数千名，对倭寇给予痛击和重创。谭纶作战勇猛，率先垂范，明史载"纶始终兵事垂三十年，积首功二万一千五百。尝战酣，刃血渍腕，累沃乃脱"。

嘉靖四十四年（1565 年），谭纶迁陕西督抚。当年十二月，改调四川。不久，即以兵部右侍郎兼右佥御史，总督两广军务。隆庆元年（1567 年），以兵部左侍郎兼右佥都御史，总督蓟辽、保定军务。谭纶练精兵十万，建立"三大屯营"，从居庸关到山海关修筑边墙 2000 余里，构筑敌台 3000 余座，造战车 700 余乘、佛郎机（火炮）5000 余门。他所采取的分路设防、设置援军等军事措施，修筑以空心敌台为特征的蓟、昌二镇长城，以及重视和推广应用火器等，使"边备大饬，敌不敢犯"，对抵御蒙古残余势力的侵扰，保持北部边防稳定，发挥了重要作用。2006 年，在北京八达岭长城发现的长城题名碑上镌刻的明代官员名字中，第一位就是宜黄谭纶。至今，在北京延庆等地，人们仍十分敬仰和感怀谭纶，绘其像作为"门神"，守候家园（图 28、29）。

谭纶善于发现和培养人才，他器量宽宏、不独享功，驭将恩威并施、人尽其用。像戚继光、俞大猷、刘显、李梁、李超、陈其可、胡守仁等一大批战将，他都用长避短，充分发挥各自作用。他对立有战功、遭到诬陷的将领，敢于向朝廷为其伸张正义，使受冤者功过应得。戚继光、俞大猷和游震德等曾遭到革职或者受冤入狱，谭纶冒险进谏申雪，并让他们继续得到重用。被史家称其为"善任俞戚而建大勋"者。

谭纶自幼饱读经史诗书，以文人进士出身带兵，是我国历史上著名的儒将之一。他除了因公给皇帝和朝廷呈送的各种公文奏疏外，还在抗倭战争与戍边御敌的戎马生涯中，不断总结军事实践，著有多部军事著作，同时精研经史，创作众多文章诗词。其中，《谭襄敏奏议》10 卷，被收入《四库全书》的史部诏令奏议类中。另有《谭襄敏遗集》

图 30 大司马牌坊

位于凤冈镇王家场巷口，建于明万历二年（1574 年）。"大司马牌坊"是当年抗倭
名将谭纶取得显赫功名时，神宗皇帝下旨："省郡各建文武忠孝、威震华夷坊"，
宜黄人在潭坊（现并入凤冈镇）建起的一座全石榫卯、结构精致的纪念性牌坊。
牌坊坐北朝南，前有"下马桥"，后为谭纶故宅。牌坊为花岗石结构建筑，高
10.4 米，宽 8.1 米，正面六柱三门，两侧呈鼎足三角形，实为五门。柱长 4.5 米，
三层额坊，均以浮雕及透雕龙凤云纹图案和戏曲人物镶嵌。中门额坊为"双龙戏
珠"。两侧顶部为仿木斗拱式，侧门额坊为"百鸟朝凤""鲤鱼跳龙门""蟠桃上寿"
等，雕工细致，精美绝伦，呼之欲出，是研究中国历史和古代建筑艺术的珍贵实物。
三层额坊间均嵌有石匾，上层竖刻"恩荣"二字，中横刻"大司马"三字。
大司马牌坊现为江西省省级文物保护单位。

3 卷。其军事著作《军事条例类考》7 卷、《说物寓武》二十篇和《点将图》等，以及学术著作《书经详节》等，都具有重要的军事和学术价值。

谭纶酷爱戏曲，为宜黄乃至抚州戏曲文化的传承发展做出了重要历史贡献。我国戏曲大师汤显祖在其戏曲理论名作《宜黄县戏神清源师庙记》中，对此做了记述。他说："江以西弋阳，其节以鼓，其调喧。至嘉靖而弋阳之调绝，变为乐平，为徽青阳。我宜黄谭大司马纶闻而恶之。自喜得治兵于浙，以浙人归教其乡子弟，能为海盐声。大司马死二十余年矣，食其技者殆千余人。"颂扬谭纶任浙江台州知府期间为父丁忧回籍时，自浙江将海盐腔引回故乡宜黄，命浙江艺人教授宜伶弟子，并广为流传，此后有千余人以海盐腔演艺为生，促进了戏曲文化区域交流，从此宜黄戏曲文化走向了繁荣，并为明末清初"宜黄腔"的形成产生了深远影响。

谭纶对家乡宜黄感情深厚，具有浓厚的故土情怀。他在回籍丁忧期间，为当地官员平盗寇、保境安民出力献策，并多次致信江西巡抚，减轻宜黄赋额，以使家乡"民困稍苏"。谭纶亲撰《宜黄城记》《重修宜黄县学记》等记述和赞誉宜黄，并作有《凤凰山》《刺桑残月》等多篇诗作感怀故乡。其中《凤凰山》诗中云："寻春此日惬豪游，缓步登高绝岭头；山自北来蟠万叠，水从东汇曲双流；清风绕座飘衣冷，好景当怀一览收；寄语花神休睡去，野人踪迹尚能留。"宜黄乡人也以谭纶为荣，明万历二年（1574 年），按万历皇帝御旨，宜黄人在其家乡潭坊建起了一座石筑"大司马牌坊"，以旌表其显赫功绩。牌坊建筑雄伟，雕刻精美绝伦，堪称古代石雕艺术精品，现仍立于潭坊村，并被江西省人民政府公布为省级文物保护单位予以保护（图30）。

谭纶于明万历五年（1577 年）农历四月初三夜"痰疾陡作，病故京邸"。神宗皇帝即赠谥敕命文，追赐太子太保，谥襄敏公；六月，特颁恤典谕、御制祭文；七月，又御制百日祭文；八月，于故宫午门

图 31　谭纶墓

谭纶墓位于宜黄县二都镇玉泉山麓帘前村旁，其形制、布局既具有明代高级官员墓葬特征，又兼具当地民俗特点。谭纶墓由门楼、祭道、牌坊、神道和墓体等组成，占地面积 3000 余平方米。其中，祭道约 300 米，门口遗有一对石狮，祭道原建有享堂建筑，历史上均已毁。神道上立四柱三门石雕牌坊，中间牌坊的额枋两面均镌刻"敕葬太子太保兵部尚书谥襄敏谭公墓"。墓前神道两旁立有石虎、石羊、石马各一对和文武石象生各一尊，雕刻精致，极具明代石刻艺术神韵。沿石象生拾级而上，即为墓冢封土，封土后立石刻敕赠谥敕命碑。整座墓园背靠雄奇巍峨的玉泉山，前对宜黄主要河流之一黄水河，北高南低，依山就势，气势雄伟，居高远眺，山川田野村寨尽收眼底，一幅绝美的江南图卷。

2013 年，谭纶墓被国务院公布为全国重点文物保护单位。

图32 谭纶墓牌坊

内道旁立碑，"著其勋烈，镌于金石。使后世知斯人为国之元勋"。戚继光和俞大猷均亲撰祭文，哭祭恩公。是年，其灵柩运至宜黄。万历七年（1579年）神宗御制下葬祭文，令"饬终从厚，治葬有仪"，归葬故乡宜黄县二都镇玉泉山麓帘前村旁。

谭纶已长眠于故乡400余年，谭纶墓已于2013年被国务院公布为全国重点文物保护单位予以保护。如今，来此吊唁谭纶功德者络绎不绝（图31～37）。

明史·谭纶传

谭纶，字子理，宜黄人。嘉靖二十三年进士，除南京礼部主事。历职方郎中，迁台州知府。

纶沉毅知兵。时东南倭患已四年，朝议练乡兵御贼。参将戚继光请期三年而后用之。纶小练千人。立束伍法，自裨将以下节节相制。分数既明，进止齐一，未久即成精锐。倭犯栅浦，纶自将击之，三战三捷。倭复由松门、澶湖掠旁六县，进围台州，不克而去。转寇仙居、临海，纶擒斩殆尽。进海道副使，益募浙东良家子教之，而继光练兵已及期，纶因收之以为用，客兵罢不复调。倭自象山突台州，纶连破之马岗、何家礁，又与继光共破之葛埠、南湾。加右参政，会忧去。

　　以尚书杨博荐起，复将浙兵，讨饶平贼林朝曦。朝曦者，大盗张琏余党也。琏既灭，朝曦据巢不下，出攻程乡。知县徐甫宰严兵待，而遣主簿梁维栋入贼中，谕散其党。朝曦穷，弃巢走，纶及广东兵追擒之。寻改官福建，乞终制去。继光数破贼，浙东略定，倭转入福建。自福宁至漳、泉，千里尽贼窟，继光渐击定之。师甫旋，其众复犯邵武，陷兴化。

　　四十二年春再起纶。道擢右佥都御史，巡抚福建。倭屯崎头城，都指挥欧阳深搏战中伏死，倭遂据平海卫，陷政和、寿宁，各扼海道为归计。纶环栅断路，贼不得去，移营渚林。继光至，纶自将中军，总兵官刘显、俞大猷将左、右军。令继光以中军薄贼垒，左右军继之，大破贼，复一府二县。诏加右副都御史。纶以延、建、汀、邵间残破甚，

图 34　谭纶墓石象生

请缓征蠲赋。又考旧制，建水砦五，扼海口，荐继光为总兵官以镇守
之。倭复围仙游，纶、继光大破贼城下。已而继光破贼王仓坪、蔡丕岭，
余贼走，广东境内悉定。纶上疏请复行服，世宗许之。

四十四年冬，起故官，巡抚陕西。未上而大足民作乱，陷七城。
诏改纶四川，至已破灭。云南叛酋凤继祖遁入会理，纶会师讨平之。
进兵部右侍郎兼右佥都御史，总督两广军务兼巡抚广西。招降岑岗贼
江月照等。

纶练兵事，朝廷倚以办贼，遇警辄调，居官无淹岁。迨南寇略平，而边患方未已。隆庆元年，给事中吴时来请召纶、继光练兵。诏征纶还部，进左侍郎兼右佥都御史，总督蓟、辽、保定军务。纶上疏曰：

蓟、昌卒不满十万，而老弱居半，分属诸将，散二千里间。敌聚攻，我分守，众寡强弱不侔，故言者亟请练兵。然四难不去，兵终不可练。

夫敌之长技在骑，非召募三万人勤习车战不足以制敌。计三万人月饷，岁五十四万，此一难也。燕、赵之士锐气尽于防边，非募吴、越习战卒万二千人杂教之，事必无成。臣与继光召之可立至，议者以为不可。信任之不专，此二难也。军事尚严，而燕、赵士素骄，骤见军法必大震骇。且去京师近，流言易生，徒令忠智之士掣肘废功，更酿他患，此三难也。我兵素未当敌，战而胜之，彼不心服。能再破，乃终身创，而忌嫉易生；欲再举，祸已先至。此四难也。

图35　谭纶墓石象生

图 36 谭纶墓石象生
图 37 谭纶墓石象生

以今之计，请调蓟镇、真定、大名、井陉及督抚标兵三万，分为三营，令总兵参游分将之，而授继光以总理练兵之职。春秋两防，三营兵各移近边。至则遏之边外，入则决死边内。二者不效，臣无所逃罪。又练兵非旦夕可期，今秋防已近，请速调浙兵三千，以济缓急。三年后，边军既练遣还。

诏悉如所请，仍令纶、继光议分立二营事宜。纶因言："蓟镇练兵逾十年，然竟不效者，任之未专，而行之未实也。今宜责臣纶、继光，令得专断，勿使巡按、巡关御史参与其间。"自兵事起，边臣牵制议论，不能有为，故纶疏言之。而巡抚刘应节果异议，巡按御史刘翾、巡关御史孙代又劾纶自专。穆宗用张居正言，悉以兵事委纶，而谕应节等无挠。

纶相度边临冲缓，道里远近，分蓟镇为十二路，路置一小将，总立三营：东驻建昌备燕河以东，中驻三屯备马兰、松、太，西驻石匣备曹墙、古石。诸将以时训练，互为掎角，节制详明。是岁秋，蓟、昌无警。异时调陕西、河间、正定兵防秋，至是悉罢。纶初至按行塞上，谓将佐曰："秣马厉兵，角胜负呼吸者，宜于南；坚壁清野，坐制侵轶者，宜于北。"遂与继光图上方略，筑敌台三千，起居庸至山海，控守要害。纶召入为右都御史兼兵部左侍郎，协理戎政。会台工成，益募浙兵九千余守之。边备大饬，敌不敢入犯。以功进兵部尚书兼右都御史，协理如故。其冬，予告归。

神宗即位，起兵部尚书。万历初，加太子少保。给事中雒遵劾纶不称职。纶三疏乞罢，优诏留之。五年卒僻。赠太子太保，谥襄敏。

纶终始兵事垂三十年，积首功二万一千五百。尝战酣，刃血渍腕，累沃乃脱。与继光共事齐名，称"谭、戚"。

（中华书局点校本，1997 年）

宜黄城记

（明）谭纶

宜黄县在抚治西南百里，居临汝上游，当宜黄水合流之间，故名曰宜黄。县治旧为黄填镇，宋以前分隶不一，开宝间升镇为县而易以今名。其地僻，其土腴瘠半，其俗男耕女织，士读诗书，敦行谊，人不知商贾未作，故无偷盗斗狠侈靡之习，称易治焉。顾稍迩汀虔，接壤崇乐，往往切于邻之震。正德间，遂有斩关盗库之事。岁辛酉，闽粤弗靖，有寇五百人，道南丰，入止马巡司，掠县南而西入崇，复还县南，到棠阴神岗，捆载以去，若履无人之境。迨秋徂冬，寇凡五六至，至必循故道，众至数千万人，诚有以启之矣，六邑之郊，焚掠且尽。时惟临川附郭东乡故有城，金溪城甫毕工，获免。崇乐宜三县无城，备极惨烈。予因执先君之丧，甫就草土，盖身尝而目击之云。于是天子震怒，更置抚臣，而以大中丞涂上柏泉胡公松来督军事。公受命，兼程直走临汝，申令救法，陈师贾勇驰之，贼乃宵遁。公因进予幕府，问计善后，予首以建城固本，厉兵逆战为对，公嘉纳之。即檄下有司，城崇仁、城乐安、城玉山、贵池、戈阳诸无城邑，并为之城，城宜黄实首事焉，以盗尝从出入也。仰成之者，为分守杨君守鲁，分巡崔君近思，而又以先守陈君元揆、嗣守刘君价、二守袁君株总其成，县令杨君淮专其事，知事潘君重董其役，相度则以命予，倡众宣力则臣室鸿胪署丞刘君森、通判黄君肇、知州刘君应明，先劳居多。于是万杵雷动，庶民子来。起于凤山之右腋，循北山而西，至于仙人石，遵南丰石南转于岳岭，东临于河，抵凤山左腋终焉。长一千三百有奇，广丈又二，高视广倍之，为堞二千七百，为大门四，为小水门二，为费仅三万金，计工未一载成，屹然天险，保障一方。盖公既以佚道使民，而工力费又请之于朝，以官帑从事，故收功之速如此。公复命予额其门：南曰陡华，华山在其南也；北曰附凤，凤山在其北也；东曰通津，二水交流，可通舟楫，朝东之孔道也；西曰固始，其地自西来，跨山越岭而城，民居稀阔，使后之君子，顾名思义而加之意也。城既就，寇且复至，使人觇知有城而止者三。于是民有宁宇，咸举手加额曰："胡公生我用能，保我子孙"，因言县令，伐石请记，杨君乃缄币致辞属记于余，余谦让未遑也。俞候嗣至，责记益切。予曰：诸君必予之记，非谓予尝陪斯议而可使后之人诵公之功于不衰耶？予从公游久，知公最深，敢请言公之学。公之学，以天地万物为一体，而以至诚为宗。故其从政所至，为人兴利除患，建长久之业，若公所谓诚与才合非耶？不然，何自有县治以来，上下数百年间，率事至而仓皇莫办，事过辄已。此非常之事，所以必有待非常之人，记偶然哉！后之君子，苟因公之功而求之学，则斯城也与天地并悠久可也。

（摘自《宜黄县志》，1993 年）

谢阶树

谢阶树（1778～1825 年），字欣植，又字子玉，号向亭（芗亭）。宜黄县城北门人（图 38、39）。学者、思想家，宣南诗社最早成员之一。

谢阶树于清嘉庆三年（1798 年）乡试中举。嘉庆十三年（1808 年），殿试取得一甲二名（榜眼）进士，被授为翰林院编修。十五年

（1810年），担任顺天乡试；十九年（1814年），担任会试同考官；二十一年（1816年），被派往湖南督学。他整顿学风，严肃考纪，革除冒名顶替、重名应试等积弊。时湘潭人与江西客商发生争斗诉讼，并有朝廷显宦左右袒护，湖南督抚裁决不下，皇上大怒。谢阶树监考完毕回京，皇帝向他询问讼案原委，谢阶树奏明案情，并提出自己的处理意见，深得嘉庆帝称赞，被晋升为侍读学士。后因上书万余言，陈述兴利革弊之事，被降为侍讲。

谢阶树为官清廉，秉性刚直，不畏权贵。嘉庆初期，和珅操纵朝中大权，植党营私，卖官鬻爵，骄横肆虐，其亲属与家奴，亦横行霸道，有人劾其家奴，竟遭惩治。"时有御史谢阶树敢与之斗争"。一次，谢阶树巡视京城南门，遇到和珅妾兄，驱车横冲直撞。谢阶树命随身兵丁擒拿，将其重打数十棍，并焚毁其乘车，于是京城人心大快，争相传颂。附和权势的王给事，提出奏议，罢谢阶树的官，而另一满族大臣昭梿却以诗赞曰："獬冠巡京兆，端严拒请托；何来冯于都，驱车曰轻薄。我公立捕治，双轮付融烩，权门王给事，剞劂助威虐。"

清嘉庆、道光之际，一些有识之士"以风雅之才，求匡世之学"，相结为"宣南诗社"，谢阶树、昭梿、鲍桂星、吴嵩梁等为其早期成员，龚自珍、林则徐、黄爵滋等后起之秀亦相继为其重要成员。他们切磋时弊，随时向朝廷上疏，提出改革主张，对革除腐败政治，防御外来侵略，严禁鸦片，都有过许多建树。

谢阶树学识渊博，沈酣载籍，工古文辞，诗亦清妍。尝拟《文赋》一篇，论者谓出陆机之上。有《大臣论》《县令论》和哲学著作《约书》12卷。另有《守约堂诗文集》《合璧联珠》《记事珠》等数十卷，均未刻；已刻者为《沅槎唱和集》和《澧州唱和集》。工书法，楷法尤为壮丽。谢阶树深爱家乡宜黄，作《宜黄竹枝歌》一百首，详细记录了宜黄历代名人古迹、社会风情及经济发展等情况，为宜黄保存了丰富的历史文化资料。

图38 谢阶树塑像

图 39　老县城北门街老建筑

黄爵滋

黄爵滋（1793～1853年），字德成，号树斋。宜黄县城人。官至礼、刑二部侍郎。清代著名政治家、思想家、文学家，积极倡导禁烟的先驱者之一，与林则徐、邓廷桢等均为禁烟名臣。咸丰三年（1853年）五月，因病卒于北京，终年61岁（图40）。

黄爵滋四岁入私塾，七岁能诗赋，十岁通诸子之学。嘉庆十三年（1808年），入抚州府学，学业大进。十七年（1812年）县试名列榜首，次年取拔贡，任泸溪（今资溪）县学训导。二十四年（1819年），参加江西乡试中举。道光三年（1823年）进士，入翰林院，选庶吉士，六年（1826年）散馆授编修，旋充国史馆协修、武英殿纂修、总纂

图 40 黄爵滋画像
（邹湘溪作）

图 41　黄爵滋墓

位于二都镇石砻
寺旁。

官。其间，常与友招客论文，饮酒赋诗，并同宣南诗社成员诗酒往还，在京渐有诗名。八年（1828 年）为江南乡试副考官。十二年至十四年（1832 ～ 1834 年）为福建、陕西、江西、山东等道监察御史，兵、工、户部掌印给事中。十五年（1835 年）提为鸿胪寺卿、大理寺少卿、通政使。后升礼部、刑部右侍郎，官至刑部左侍郎兼左副都御史，署仓场侍郎。曾三主乡试，两次会试监考官，选拔不少知名人士。他和林则徐、龚自珍、魏源、姚莹等人志趣相投，提倡经世之学，主张刷新吏治，扫除贪污，整顿军务，巩固边防，是当时改革派中一个有影响的人物。

　　黄爵滋对国家大事、民生疾苦，均有独到见解，并直抒胸臆，"以直谏负时望，遇事锋发，无所回避"。道光十四年（1834 年），他在《综核名实疏》中，对诸多国事提出自己的看法和主张。19世纪初，英国东印度公司将鸦片输入我国。黄爵滋多次上疏痛陈鸦片的危害，明确要求禁烟。道光十八年（1838年），时为鸿胪寺卿的黄爵滋力主严禁鸦片，上《严塞漏卮以培国本疏》，列举大量事实说明银两外漏与吸食鸦片的关系，认为"耗银之多，由于贩烟之盛，贩烟之盛，由于食烟之众"，再加上官吏的贪赃枉法，致使禁烟难成。痛斥了弛禁论不能"堵塞漏卮"的危害，提出了"必先重治吸食"的主张。道光帝将奏疏交内外大臣讨论，议立章程。爵滋又连疏二次，提出禁烟必派主禁大臣，严惩私通番夷首恶者。这个奏疏提出后，湖广总督林则徐极力推崇。林则徐亦上《筹议严禁鸦片章程摺》和《钱票无甚关碍宜重禁吃烟以杜弊源片》两疏，加强了道光帝禁烟的决心，令林则徐前往广东查禁鸦片，黄爵滋改调通政使。鸦片战争开始后，黄爵滋受命驰赴闽浙一带，与邓廷桢共同查禁鸦片，加强海防建设，改造武器装备，制订战守方略，招募水勇乡勇支援水师，并向朝廷进献《海防图》。史家评论："禁烟之议，创自黄爵滋。"道光帝赞其禁烟疏："非汝痛发其端，谁肯如此说话。"民族英雄林则徐赞其对禁烟"毅然上陈者，独有此奏"。近代江西著名藏书家蔡敬襄先生在为其收藏的《黄爵滋行述》题识中说："西洋诸国尝绘先生像及林文忠公则徐、关忠节公天培（像），奉之为'三忠'。"

黄爵滋还以诗文著称，著有《黄少司寇奏疏》30卷，《海防图》2卷、附表1卷，《仙屏书屋文录·初集·二集》26卷，《仙屏书屋诗录·诗集·后录·二集》34卷，《戊申楚游草》1卷等，并刊行于世。《晚晴簃诗汇》称其"诗循杜、韩正轨，纵横跌宕，才气足以发其学"，并收录其诗20余首。

道光二十三年（1843年），以户部银库亏空失察罪，黄爵滋被革职，他即回到江西，主持豫章书院。他曾为家乡宜黄书《重修宜黄县学记》，并作有《谒杜子野先生墓》《石碧》等诗词，感怀故乡。黄爵滋死后葬于宜黄二都石碧寺旁（图41）。

欧阳竟无

欧阳竟无（1871 ~ 1943 年），名渐，号竟无。近代著名佛教居士，金陵刻经处编校，南京支那内学院创建人，佛学思想家、教育家，近代佛教唯识宗的代表人物。他早年精研儒学，中年潜心佛学，并贯通儒佛二家，以严谨考据学风，精研佛典，勇于立说，勤于著述，首开佛学教育新风，桃李天下，终成一代宗师。

少志于学

1871 年，欧阳竟无生于宜黄普通官宦之家，6 岁丧父，家境衰落。他自幼随其叔父、名儒欧阳昱读书，习文辞，读经史，勤奋苦读，打下了良好的国学基础。20 岁，进入南昌经训书院学习，先从程（颐、颢）、朱（熹）、曾（国藩）、胡（林翼）等诸家之学入手，博涉经史子集，并兼工天文历算。后感慨杂学无用，从而专治陆（九渊）、王（守仁）哲学，以期补救时弊。期间受其好友桂伯华的影响，接触佛教。1903 年，他参加科举考试，被取为优贡生。

潜心佛学

欧阳竟无所处的时代，中华民族正深受苦难和屈辱，国家民族处于危亡之际，无数仁人志士苦寻治世救国之路。在纷繁涌现的各种中西文化思潮云涌中，欧阳竟无选择以"佛学拯世"，并终其一生。1904 年，欧阳竟无以优贡生赴京城考试，获朝考二等，被委任为广昌教谕。南归途中，因好友桂伯华的引荐，到南京谒见金陵刻经处（近代著名佛经出版流通机构）的创建人、著名佛教居士、佛学家杨仁山先生，听其阐弘佛法，坚定学佛信念，立下以佛学拯世的宏愿。1907 年，欧阳竟无再度来南京向杨仁山居士问学。同年东渡日本，探访佛教遗集。回国后任两广优级师范学堂（由广东贡院改建，国立中山大学初始前身之一）讲席，因病辞。1910 年，欧阳竟无第三次赴南京，依杨仁山居士学佛。自此，潜心法相唯识学研究。

欧阳竟无以考据方法研究佛典，以"研求纯真佛法之全体"为目的，研治般若瑜伽之教、龙树无著之学、罗什玄奘之文，开创了近代唯识学派，建立了"佛体儒用"的体系。欧阳竟无佛学研究大体可分两个阶段，1928 年以前主要是融通龙树、无著两系学说。如，1916 年，他完成了《百法五蕴论叙》和《世亲摄论释叙》等著作，从义理和经论两方面判定法相、唯识为两宗。1917 年完成《瑜伽师地论叙》，1922 年主讲《唯识抉择谈》，这两部佛学巨著的问世，标志着近代唯识学的复兴。1921 年，欧阳竟无应南京高等师范学校哲学研究会之邀，做题为"佛法非宗教非哲学而为今时所必需"的演讲，提出佛法非宗教非哲学，而是生死学、人心学和知识学。1928 年以后，欧阳竟无转治研《大涅槃经》和《大乘密严经》，将瑜伽、中观和涅槃三学融为一体，提出了"法门无边三智三渐次，宗趣唯一无余涅槃"的思想；在批判禅宗"顿""渐"两家的基础上，提出"顿境渐行合而后为教"的观点。在中国佛教史上，他不仅是具有重大贡献的经师，而且是开宗立派的一代宗师，时人不敢望其项背。

同时，欧阳竟无以佛学为内学，把一切非佛学归之为外学，认为内学重个人内心的修炼和解脱，外学以世俗实事作论证。他以内学为主、内外学兼修，其思想主要辑集于其晚年自编的《竟无内外学》中，凡 26 种，30 余卷。

刻经弘法

1911 年恩师杨仁山先生去世后，遵其遗命，欧阳竟无主持金陵刻经处编校，后实主持刻经处二十余年，苦心经营，将刻经弘法作为其终生要务。1917 年，欧阳竟无遵杨仁山嘱，主持刻成《瑜伽师地论》后 50 卷，完成恩师遗愿，唐玄奘法师历万苦自印度取回并翻译的这部百卷佛教重典，重新完整传世。1925 年秋，欧阳竟无发起编印《藏要》，至 1940 年基本完成，共 3 辑 50 余种，300 余卷。《藏要》是对佛教经典首次系统整理，得到广泛赞誉，著名佛教领袖、中国佛教协会会长赵朴初称之为"小藏经"，日本佛教大学、印度国际大学等将之作为教材。此外，他还主持在南京刻成藏外佚本 110 部，1055 卷，入四川江津（今属重庆）后又刻成 30 部，50 余卷。为佛典传承做出了卓越贡献。

佛学教育

欧阳竟无开创了近代佛学教育"学院化、专业化、学术化"的新风。1912 年春，欧阳竟无与友人李证刚等人筹划成立中华佛教会，主张政教分离、改革僧制，得到孙中山的肯定和支持，但终因时变未果而散。1914 年在南京金陵刻经处主持编校，他便开始在龚家桥陈氏空屋讲学。1915 年在金陵刻经处设佛学研究部，主讲佛学。1922 年，欧阳竟无与章太炎等人发起创立南京支那内学院（"支那"为古印度佛教经典中对中国的称呼），并自任院长，主讲《唯识抉择谈》《大藏经》和《四书》《五经》等佛儒经典。1923 年在支那内学院成立佛学研究机构内院研究会，提出和倡导"结论后研究"的方法，并于此后多次在研究会上作《心学大意》《龙树法相学》和《今日此方应用律》等专题演讲，阐述其研究成果和佛学思想。1925 年在内学院开设法相大学特科，并开始招生。1937 年 12 月，日军入侵南京，支那内学院迁至四川江津（今属重庆），设立江津蜀院，继续讲学和刻经事业。支那内学院在中国佛学教育史上具有重要地位，在该院随欧阳竟无先生研学者凡二百余人，其中梁启超、张君劢等近代国学大师听其讲学，尊其为师；其弟子吕澂、熊十力、汤用彤、梁漱溟等后都成为一代国学大师，陈铭枢、蒙文通、刘衡如、黄忏华、唐君毅、欧阳浚明、姚柏年等人均曾从其门下，并皆为国之栋梁。

为抗战奔走

1931 年"九一八"事变后，欧阳竟无为抗日救亡奔走呼号，表现出中国真正知识分子所特有的忠义爱国风骨和品质。1932 年，欧阳竟无亲赴上海，会晤他的学生、时任京沪卫戍司令的陈铭枢，鼓励他率所部十九路军奋起抗日。1932 年，"一·二八"淞沪抗战后，欧阳竟无为抗战死难烈士书挽联："天地有正气，仁义有神奇，陶写到碧血淋漓，凡百君子生敬信；罗刹无悲心，弊魔无道德，降伏尽途刚威力，大千沙界放光明。"同时他"激于忠愤发为文章"，收录南宋爱国诗人辛弃疾、岳飞、陆游、文天祥等诗词作品编成《词品甲》，手书《正气歌》，撰《夏声说》，以激扬正气、振作民气和鼓舞士气。在讲经弘法中，他常提到"庄严国土，利乐有情""抗敌到底，保家卫国"，并强调"有钱出钱，有力出力。供给前方抗日救国，就是功德无量"。

家乡情怀

欧阳竟无先生心系桑梓，对家乡宜黄满怀深厚情感。1905年，欧阳竟无回宜黄兴办正志学堂，自订科目，自编课本，亲自讲授。1910年，与友李证刚在宜黄九峰山下共同经营农业，欲兴家乡农产业，后因染病终止。1918年，欧阳竟无旧居时居房主李先生去金陵看望欧阳大师，谈及故居，竟无先生流露出无限的向往和感慨，应李先生的请求，他欣然命笔，写下了"华严世界"四字。1927年，欧阳竟无应乡人之请，为宜黄石门寺撰写了《重修石门寺碑记》。1936年清明，年已66岁的欧阳竟无回乡扫墓，以了却思乡之情。1937年，欧阳竟无被宜黄欧阳族人公推为五修族谱主任委员，并于此后多次致函族人，关心指导修谱情况，对《江西宜黄南岳欧阳氏五修宗谱》最终得以付梓存世，起到了重要作用。

1943年2月6日，欧阳竟无病逝于重庆江津，享寿七十三岁。国民政府教育部部长陈立夫亲致祭文，并呈请国府予以褒恤。国民政府明令褒扬，称欧阳佛学大师："早年精研性理，倡导良知，嗣以清季政俗衰颓，乃思以佛学拯世。民国以后编刊内典，著述益宏。尔年避寇来川，感念时艰，激扬正义，志行老而弗衰。"并颁恤金六万元，"以彰宿学，而示来兹"。

"了无半亩遗家属，唯有孤灯照人间"，大师虽已远行，但他留给世人的宏篇巨著和佛学思想，如不灭之灯塔，衍映千秋。

"六一世家"与"华严世界"

位于宜黄河西岸老县城的南门古街，至今仍遗有两座临街相望的明清民居建筑，人们分别以其门楣上的题刻命名，街西名为"六一世家"，东为"华严世界"。两栋古建筑，一起见证着这座小城的古老与沧桑，也共同述说着同一个姓氏家族的过往与现在，并将跨越时空的两位历史人物关联在一起。这一姓氏便是"欧阳氏"，两位历史人物中的一位是北宋著名文学家、史学家、"唐宋八大家"之一的庐陵欧阳修；另一位是清末民国时期欧阳家族后世子孙欧阳竟无，中国近代著名佛学思想家、佛学大师。

六一世家

"六一世家"是一座三堂三进庭院式民居，从石门楼进去，便是三进厅堂，每进抬升一级，寓意"步步高升"，实则兼具排水功能。中厅左右，分布若干屋室。从石筑门楼和内部梁架结构、雕画风格，以及门楣题刻的年代看，这是一座规模较大的明代民居建筑。"六一世家"四字便刻于石筑门楼门额之上（图42），后题竖款为"继峰舒化书"，书法雄浑大气，颇具颜柳之风。

如今，肇建此宅的主人已无可考，但从其门楣"六一世家"四字题刻可知，此乃欧阳氏家，且以庐陵欧阳修家族为先祖。因为，欧阳修号"六一居士"，宜黄欧阳氏为"六一居士"的后继世家，主人便并以此匾额昭示世人。此门楣匾额题书者并非欧阳氏族人，乃是明嘉靖年间刑部尚书舒化。舒化字汝德，号继峰，江西临川人，因其曾补充完善《大明律》，而在中国法制史上青史留名。中国古代有请达官名士题书匾额以光耀门庭的传统。舒化因欧阳家族的何人所请，于何时何地书写"六一世家"四字门额，俱已无可考。但以舒化位居尚书的地位与身份，肯为偏居宜黄的欧阳家族书此门额，至少可以证明时人对宜黄欧阳氏为"六一居士"欧阳修家族的后世根脉，确认无疑。否则无论如何，也不可能请得尚书大人书写谬误不实之词。

其实，在民国三十五年修《江西宜黄南岳欧阳氏五修宗谱》中，

图 42 六一世家

对宜黄欧阳氏的族脉渊源记载得非常清晰。谱载，明洪武年吏部尚书张紞、万历年礼部尚书兼东阁大学士吴道南，曾先后为宜黄欧阳氏亲撰家族谱序。尤其是吴道南在序文中明确记述，宜黄欧阳氏先祖乃庐陵（现吉安）欧阳修之七叔欧阳佺（欧阳修父行六），欧阳佺第四代孙欧阳倬迁到抚州崇仁，宋末欧阳倬之孙欧阳价即"西壁公"自崇仁迁到宜黄阳坊，为宜黄欧阳氏先祖。后"西壁公"第十五世孙"才立公"辗转迁到宜黄县城凤冈南岳，是为宜黄南岳欧阳氏始祖。此外，历明嘉靖、隆庆、万历三朝的抗倭名将、兵部尚书、军事家谭纶，也曾在

图 43 华严世界

欧阳氏族谱中为"才立公"亲撰赞文。另据族谱载，自宜黄先祖西壁公系下，宜黄欧阳氏有 85 位子弟入仕为官，其中明代有 18 位。可见此家族虽未出显官贵胄，但其家族在当时的影响也可见一斑。因此，有明一代，四位尚书，以撰谱序、题匾额、写赞文等方式，对同一家族予以关注，也就不难理解了。

华严世界

到"六一居士"欧阳修身后 800 年的 1871 年，早已远迁抚州宜黄的欧阳氏支脉、南岳欧阳氏先祖"才立公"第 17 代子孙欧阳晖家中，生了一子，后成长为一代佛学大师，此人便是欧阳竟无。南门古街中与"六一世家"对邻的"华严世界"，便是欧阳竟无先生幼年生活学习的旧居。

欧阳竟无旧居是一座极具赣东地方特色的清代民居，整体结构为两层一进单堂阁楼式建筑，中为厅堂侧设屋室，前部狭长天井有利于采光通风，屋后设一水井，方便生活取水。建筑内雕画简朴，其最具艺术特色的装饰，当属天井前照壁粉墙上绘着的巨幅墨色"福"字图，中间行书"福"字，工笔八仙、寿桃巧妙嵌入福字笔画线条中，四只蝙蝠居四角围绕，周边配菊梅缠连和艾草插瓶纹饰，底边正中篆书"寿"字，取"八仙贺寿""五福临门"和"平安康寿"等吉祥寓意。"福"字书法恢弘大气，八仙人物和蝙蝠花卉等细致生动，笔工精湛，堪称民间艺术珍品。旧居大门砖石门额"华严世界"四字，为墨笔直书，据载是欧阳竟无 1918 年在南京题写，书法尽显他蕴集历代书法名家之长、融汇汉隶与魏碑于一体的独特书风（图 43～45）。"华严世界"本是佛教华严宗立宗佛典《华严经》中给世人描绘的法身佛毗卢遮那的净土，是以大莲花中包藏微尘数的世界。以此四字为门额，足见居者、书者与佛家的深厚渊源。此外，民居临街外墙上还遗有历史上战争时期涂刷的红色巨幅标语，残缺但醒目，记述着这座建筑所历经的世事沧桑。

欧阳竟无祖居宜黄，世代诗书传家，曾祖欧阳文楷博学宏闻，尤

图 44　华严世界院内
图 45　华严世界福字图

精书画，名于当时；其祖父欧阳鼎训、父欧阳晖入仕，做过清朝下级官吏。其父欧阳晖早亡，欧阳竟无在其母抚育下，从其叔父欧阳昱读书。在这座老屋中，欧阳竟无度过了幼年到少年的时光。试想，他每每读书之余，出门抬眼便应看到"六一世家"四字，先祖名士欧阳修一定是他读书治学的榜样和力量。在这里，欧阳竟无苦读经史子集，积淀了深厚的儒学功底，养成了严谨学风，树立了为学治世的人生理想，并从这座普通的民居中走出来，成就为一位近代享誉海内外的佛学大师，从而随因大师的名望与功德，这座普通的民居也沾耀芳华，不再普通。

亲教师欧阳先生事略

吕澂

　　师讳渐，字竟无，江西宜黄人，清同治十年十月初八日生。父仲孙公，官农部，历念余年，不得志。师六岁，仲孙公即世。

　　师幼而攻苦，精制艺，年二十，入泮。薄举业不为，从叔宋卿公读，由曾、胡、程、朱诸家言，博涉经史，兼工天算，为经训书院高才生，时称得风气之先。

　　中东之战既作，国事日非，师慨杂学无济，专治陆、王，欲以补救时弊。友人桂伯华自宁归，劝师向佛，始知有究竟学。

　　年三十四，以优贡赴廷试，南旋，谒杨仁山老居士于宁，得开示，信念益坚。归兴正志学堂，斟酌科目，体用兼备，自编读本课之。

　　年三十六，生母汪太夫人病逝，师在广昌县教谕任，遄返，仅得一诀。师本庶出，复幼孤，一嫂一姊皆寡而贫，来相依，霪阴之气时充于庭，母病躯周旋，茹苦以卒。师哀恸逾恒，即于母逝日断肉食，绝色欲，杜仕进，归心佛法，以求究竟解脱焉。

　　期年，赴宁从杨老居士游。又渡东瀛数月，访遗籍。返谋久学之资，任两广优级师范讲席，病湿罢。与友李证刚谋，住九峰山，营农业，又大病濒死。乃决舍身为法，不复治家计，时年已四十矣。

岁庚戌，再赴宁，依杨老居士。越年，老居士示寂，以刻经处编校相属。值革命军攻宁急，师居危城中守经坊四十日，经版赖以保全。翌春，与李证刚等发起佛教会，撰缘起及说明书，并警告佛子文，勖僧徒自救，沉痛动人。以主张政教分离不果，解散。自是长住刻经处，专志圣言，不复问外事。

溯师四十年来，笃学力行，皆激于身心而出，无丝毫假借。尝曰悲愤而后有学，盖切验之谈也。师既主编校，病刻经处规模未充，又乏资广刊要典，乃设研究部，只身走陇右，就同门蒯若木商刻费。比返，爱女兰已病卒刻经处，哀伤悱愤，治《瑜伽》，常达旦不休。稿久，乃晓然法相与唯识两宗本末各殊，未容淆乱。叙刻法相诸论，反复阐明，闻者骇怪，独沈乙庵先生深赞之。每叙成，必赴沪谒沈，畅究其义而返。至民国七年，遵老居士遗嘱，刻成《瑜伽》后五十卷，复为长叙，发一本十支之奥蕴，慈宗正义，日丽中天，自奘师以来所未有也。

会友人符九铭来苏省，掌教育，因筹设支那内学院以广弘至教，刊布缘起章程，迁延数载未就。南游滇，应唐蓂赓请讲《维摩》、《摄论》，北赴燕，为蒯若木讲《唯识》，稍稍得资助。民国十一年，内学院始成立，创讲《唯识抉择谈》，学人毕集。梁任公亦受业兼旬，病辍，报师书曰：自怅缘浅，不克久侍，然两旬所受之熏，自信当一生受用不尽。于以见师教人人之深矣。由是广刻唐人章疏，《瑜伽》、《唯识》旧义皆出。

又就内学院开研究部试学班，及法相大学特科，大畅厥宗。立院训曰：师悲教戒。揭在家众堪以住持正法之说，教证凿然，居士道场乃坚确不可动。及民国十六年，特科以兵事废，同怀姊淑又病亡，师悲慨发愿，循龙树、无著旧轨，治《般若》、《涅盘》诸经，穷究竟义，次第叙成。其间更辑印《藏要》，经论二十余种，各系绪言，莫不直抉本源，得其纶贯。而尤致意拣除伪似，以真是真非所寄自信，一时浮说游谈，为之屏迹。

　　自九一八事变以来，国难日亟，师忠义奋发，数为文章，呼号救亡如不及。一二八抗日军兴，师筮之吉，作释词，写寄将士以资激励。继刊《四书读》、《心史》，编《词品甲》，写《正气歌》，撰《夏声说》，所以振作民气者又无不至。于是发挥孔学精微，上承思、孟，辨义利，绝乡愿，返之性天。以为寂智相应，学之源泉，孔、佛有究竟，必不能外是也。

　　民国二十六年夏，集门人讲晚年定论，提无余涅槃三德相应之义，融瑜伽、中观于一境，且以摄《学》、《庸》格物诚明，佛学究竟洞然，而孔家真面目亦毕见矣。讲毕，日寇入侵，师率院众并运所刻经版徙蜀。息影江津，建蜀院，仍旧贯，讲学以刻经。先后著《中庸传》、《方便般若读》（即《般若经序》卷三）、《五分般若读》、《院训·释教》。以顿境渐行之论，五科次第，立院学大纲。自谓由文字历史求节节近真，不史不实，不真不至，文字般若千余年所不通者，至是乃毕通之。

　　民国二十九年，遭家难，矢志观行，于《心经》默识幻真一味之旨，夙夜参研，期以彻悟。三载，始著《心经读》存其微言，盖师最后精至之作也。

　　师受杨老居士付嘱，三十年间，刻成内典二千卷，校勘周详，传播甚广。及国难作，文献散亡，国殇含痛，师又发愿精刻大藏以慰忠魂。选籍五千余卷，芟夷疑伪，严别部居，欲一洗宋元陋习，以昭苏藏教，筹画尽瘁。本年二月六日，感冒示疾，转肺炎，体衰不能复，然犹系念般若不已。至二月二十三日晨七时，转侧右卧，安详而逝。享寿七十有三。

　　德配熊夫人，子格、东，女兰，皆先卒。孙应一、应象，孙女筏苏、勃苏，俱就学国外。由门人治其丧，权厝于蜀院院园。

　　师平生著作多以播迁散佚，晚年手订所存者为《竟无内外学》。其目曰：《内院院训释》，《大般若经叙》，《瑜伽师地论叙》，《大涅槃经叙》，《俱舍论叙》，《藏要经叙》，《藏要论叙》，《法相诸论叙》，《五分般若读》，《心经读》，《唯识抉择谈》，《唯识研究次第》，《内学杂着》，《中庸传》，《孔学杂著》，《诗文》，《小品》，《楞枷疏决》，《解节经真谛义》，《在家必读内典》，《经论断章读》，《四书读》，《论孟课》，《毛诗课》，《词品甲》，《词品乙》。凡二十六种，三十余卷，悉由蜀院刊行之。

师之佛学，由杨老居士出。《楞严》、《起信》，伪说流毒千年，老居士料简未纯，至师始毅然屏绝。莨稗务去，真实乃存，诚所以竟老居士之志也。初，师受刻经累嘱，以如何守成问，老居士曰：毋然，尔法事千百倍于我，胡拘拘于是。故师宏法数十年，唯光大是务，最后作老居士传，乃盛赞其始愿之宏，垂模之远焉。呜呼！师亦可谓善于继述者矣。弟子吕澂谨述。

澂侍师讲席久，侧闻绪论较多，师迁化后，辄思略叙列之以志追仰，而悲怀难已，终不能就。然不可以无述，爰据师自订年历，稍加编次，有未审处，则就教于李证刚先生及幼济世叔，并得同门陈证如、王化中二君纠正数条，仅乃成篇。触处挂漏，固未能尽吾师行事之百一也。

澂附记

肆 佛教禅文化

禅宗圣地，曹洞宗祖庭

宜黄佛教历史悠久，佛教文化底蕴深厚，为佛教渊薮。晋代，于附北（今凤冈镇桥头村）建显阳寺，佛教即传入宜黄，并延续 1700 余年历史。宜黄佛教最兴盛时期是唐至明代，唐初马祖道一禅师"自建阳（福建）迁至二都石䂵，结庵岩下"，开创了宜黄佛教禅宗的先河。唐代后期，本寂禅师到宜黄，将其师洞山良价禅法发扬光大，创立禅宗五宗之一曹洞宗。后梁乾化二年（912 年），月轮禅师来宜黄，建黄山寺。明代宜黄佛教发展极盛，曹山寺、黄山寺、石䂵寺为佛教三大祖庭。明人罗仲在《三禅院游记》中称："吾宜之禅窟，甲于江西，宜之古刹三十有六，如曹、黄、石其最也。"到清末有寺庵 320 余座，僧尼众多。清末以后，佛教日渐衰落。改革开放以来，宜黄佛教得到较快发展，至今县内尚有开放寺庙二十多处。

佛教自古选择了宜黄，因为这里山奇水秀、稻粮丰裕，为佛教寺庙建设和僧尼供养提供了绝好条件。宜黄也成就了佛教，历代名僧大师辈出，其中曹洞宗传扬华夏，并远播日本、韩国和东南亚数国，至今不衰。

石䂵义泉寺
——马祖道场

石䂵寺位于宜黄县二都镇太极岩风景区。始建于南北朝时。唐肃宗敕封为"石䂵义泉寺"。宋仁宗敕封为"石䂵义泉古寺"，赐石䂵为"江西第一名山"。为禅宗马祖道一禅师法窟（图 46、47）。

图46 石碧寺

　　寺庙因坐落在太极岩石碧之下，故得名"石碧寺"。南北朝时，义泉和尚云游至此，惊慕石碧山水，认定这里是参禅修行的胜地，便落脚结庐修舍，日耕夜禅，善男信女资助建庙。从此，香火日盛，义泉和尚乃是石碧寺开山祖师。

据清同治版《宜黄县志》载：唐肃宗（756～761年）时，马祖道一禅师"自建阳（属福建）佛迹岭迁至宜黄石碧，结庵碧下"，开堂说法，广招门徒。故石碧寺也称江西"马祖第一道场"。马祖道一禅师常在太极岩下坐禅说法，四海信徒云集。他和弟子百丈、怀海等后又在南昌（洪州）、赣州等地广泛说禅讲法，创有13个道场，遂形成中国佛教禅宗"洪州宗"派系，被佛教界誉为"马八祖"。后人在石碧岩壁上镌刻"马祖法窟、百丈清规"。马祖弟子惠藏禅师曾在太极岩下掘出泉水，为百姓放水抗旱，拯救灾民，因而石碧寺被唐肃宗敕封为"石碧义泉寺"。

据传，惠藏禅师，法名惠藏，本以弋猎为事，不喜沙门。因逐群鹿自庵前过，马祖迎之。师问祖："曾见鹿否？"祖曰："汝是何人？"对以猎者。祖问："汝解射否？"曰："解。"曰："汝一箭射几个？"曰："一箭一个。"祖曰："若然，非解射也。"师问和尚："解射否？"祖以"解"对。又问："一箭射几个？"祖曰："一箭一群。"师曰："彼此生命何用射他一群？"祖曰："汝既知如此，何不自射？"师曰："若教某甲自射，直是无下手处。"祖曰："这汉旷劫无明烦恼今日顿息。"师掷下弓箭，投祖出家。一日在厨作务，祖问："作什么？"曰："牧牛。"祖曰："作么生牧？"曰："一回入草去。"蓦鼻拽将回，祖口："了真牧牛？"师便休。后传祖法，常以弓箭接机。有问道者，见其张弓挟矢，辄惧而走。独三平和尚披胸示之，师乃掷弓授以道要。这便是禅宗著名之"慧藏逐鹿""石碧张弓、三平受箭"公案的由来。北宋朝奉大夫、户部侍郎、宜黄人邹极（1043～1107年），在其《重修石碧义泉禅院记》中对此禅宗公案做了概要记述。清嘉庆年榜眼、侍讲学士谢阶树在《宜黄竹枝歌》中以诗载此事："惠藏本是牧牛师，不射黄麞不射麋。露地白牛缰锁断，问师何处觅牛骑。"

历史上，石碧寺曾有多次被毁又重建。1985年和1996年两次重建，恢复了正常佛事活动，成为重要的禅宗寺庙。目前，石碧寺正在进行第三次重建。

图 47　石碧寺清代禅师墓

重修石㟖义泉禅院记

（宋）邹极

抚州宜黄之西南二十里有山曰石㟖，踞于曹、黄二山之间，并小溪，缘石磴，纵横稻塍，或彴或涉，前窒后坎，如绝入境。徐望诸峰，宛落画图。映以乔林秀水，带以苍烟白霭，而㟖兀起数十仞，正据其中。即其旁瞰之，如巨桥横空，瑰怪可骇。其上三叠，善缘者能出其罅，使人不敢仰视。循径而造其下，则岩之东壁可依以居，夏凉冬温，真仙圣窟宅。唐肃宗朝，马祖结庵此地，猎师逐鹿，一言悟道，是为惠藏禅师，领徒四百，住山三十年，以弓箭接人，晚得三平一人而已。自尔四海九州，咸知为名山。其后院废，无籍考岁月。至庆历中，官使鬻其产，㟖与院基随属民户，然时有方外之人游居其下。元祐二年秋，有僧曰至庠，自贵池杖锡而来。先阅㟖之东北隅，有所谓滴油岩者，卜栖焉。不携一僮，不储一粒，止编荆棘，以避风雨，昼处夜卧，寂无怖心。南岩先有僧居，或与缺粥饮，赖以养命。如是者累月，旁居之人，稍饮慕之，渐造而乞其语，庠师接以净土教。有里俗年垂七十，平生嚣讼屠酤，攘敚刑禁不止。一日造其岩，稽首求哀，愿洗厥愆，长斋授经，施财作室以安师寝，于是远近趋附，背恶而向善者甚众、先是涂君济，建书堂于北皋，直南观㟖，子侄肆业其中，皆次第登科。予以庠师入山之秋，由本路提点刑狱公事，丁先子忧，解官抵家，适同其时，明年始闻知，相见接语，审师有道，佛法祖心融而不二，故因惜古道场之湮没。思有以振之，而涂氏诸仁，争欲出力，然末能得其地，逮七年春，居院之古基者，辄梦神物扰不安寝，且造师，愿出其地而迁其居，师以示余，余即施财售之，舍入本乡义泉院。院在上源，岁苦水潦摧塌之患，理请于县，徙其额而建焉。余先造寝堂，涂氏诸仁分造法堂、厨库，其他乐施之士，各随所占，盖云会堂，移就正殿，立三门，起二阁，经营之难，越三岁乃就，庠师遂住庵所，以定规模。运材植冲，冒寒暑督匠，乞食终始，师之功也。功成不居，欲往憩贵溪之仙岩。前住持僧戒明辞院，予率诸檀樾以状白县，请师住持。县

上于郡，郡守王公已知名，移文下。师之来归，邦人老幼欢呼满道，
邻邑信士亦竭蹶而至，其善化人如此。惜乎参学之徒区区，游行唯择
供施之厚，群往而蚁聚，能如禅蜕而甘寂淡者罕见其人，是院不附通
都大邑，地僻而产少；其徒宜未之盛。又其栋宇之材，金银之饰，皆
约从中制，不侈不陋。盖尝病世俗之愚，奉佛太过，至有不顾父母妻
子之养，殚竭财产以要福利，谓宜得非于佛，何福之有？今日石碧重兴，
岂特成利一刹而已哉！

（摘自《宜黄县志》，1993 年）

曹山宝积寺
——曹洞宗祖庭

曹山宝积寺，简称曹山寺，位于宜黄二都曹山山麓。始建于唐
代咸通年间（870 ~ 873 年）。由佛教禅宗南岳青源法系弟子本寂禅
师所创，是中国佛教禅宗五大派系之一——曹洞宗祖庭，至今已有
1140 余年历史（图 48 ~ 53）。

曹山原名荷玉山，本寂禅师自广东曹溪礼六祖惠能祖师塔后，
来宜黄创立禅林，他仰慕六祖惠能之德，故借六祖所居之地曹溪之名，
将荷玉山改为曹山。曹山四周的山峰就像一朵朵的莲花瓣，曹山寺便
坐落在莲花瓣当中，环山绕水，犹如一颗莲心。南有供养山，左右龙
虎山，形成一个天然的佛教法坛。

本寂禅师（840 ~ 901 年），曹洞宗第二祖，俗姓黄，名元证，
法号本寂，系福建莆田人，19 岁在福州福唐县灵石山出家，25 岁受戒。
后到江西宜丰洞山普利寺，拜高僧良介禅师为师，被密授宗旨。数年
后，往曹溪，礼六祖祖塔，后来到宜黄曹山弘扬宗法。"有信士王若一。
舍何王观，请师住持。师更何王为荷玉"，建荷玉禅寺。后本寂禅师
志慕曹溪，改荷玉寺为曹山寺。他在曹山"法席大兴，学者云萃，洞
山之宗，至师为盛"，被称为"曹洞宗"。本寂禅师在曹山传法 31
年，弟子过百、信徒数千。901 年圆寂后就葬在曹山寺西侧的凤形坑。

图 48 曹山宝积寺景观

图 49　曹山宝积

1734年，清雍正皇帝加封为"宝藏元证禅师"。本寂有《抚州曹山本寂禅师语录》传世。

曹洞宗以"五位说"为禅法要旨，其中君臣五位、王子五位为曹山本寂所立。五位为正中偏、偏中正、正中来、偏中至、兼中到。君为正位，臣为偏位。正位即空界，偏位即色界。以"回互"理事圆融为核心思想，所谓"回互"就是指万事万物互相融会、贯通，虽然万物的界限脉络分明，但在此中有彼，彼中有此，互相涉入；以"家风细密，言行相应，随机应物，就语接人"为修行主旨；以"正觉默照"为禅法特色，主张以"坐空尘虑"来默然静照，不必期求大悟，唯以无所得、无所悟之态度来坐禅。曹洞宗在遵循禅宗见性成佛基础上，又坚持实修的默照禅，是禅宗诸派中哲学思辨味最浓的一派，在中国佛学史上独树一帜，对于促进中国禅学的发展起到了重要的作用。

曹洞宗影响深远，远播海外。史载，南宋嘉定十六年（1223 年），日本学僧道元（承阳大师）来华参禅，拜曹洞宗第十三代祖师如净禅师为师三年，受禅宗法衣而归，回日本建永平寺作为传播曹洞宗的道场，成为日本佛教迄今犹盛的重要宗派。后新罗（今韩国）僧明照安、百丈超、洞真大师庆甫等也都来学曹洞禅法，使曹洞一脉传到朝鲜半岛。后曹洞宗在日本、朝鲜和东南亚多国广为传播，至今有千余座曹洞宗派系寺庙和上千万信徒。

北宋祥符二年（1009 年），宋真宗敕赐寺名为宝积禅寺。南宋

图 50　曹山宝积寺

绍兴年间重建曹山宝积寺，规模宏大。时有诗人邓芭赞道："宝积重来异昔年，修廊千步阔山边。南分灵派渠行玉，北敞高台花雨天。日照青林犹带润，云水翠崦尚藏烟，庞眉老子升倪坐，不惜家风示从贤。"明洪武六年（1373年），明太祖为表彰曹山寺施谷赈灾之功德，赐寺额"宝积禅林"。清初以后，曹山寺曾一度衰落，民国后期仅存部分殿堂和少数佛像，"文化大革命"时殿宇被拆毁，只留《曹山寺碑记》和本寂禅师墓塔幸存（图54）。

1982年曹山寺开始修建，1994年，经县人民政府批准对外开放。

图51　曹山宝积寺

图 52　曹山宝积寺

图 53　曹山宝积寺

图54 本寂禅师墓

位于曹山寺西"凤形坑"。始建于唐，清初本寂墓塔被毁。顺治十三年（1656年）重修，并建塔碑。康熙二十六年（1687年）重刻墓碑，碑首刻篆体字为"曹山第一代本寂禅师塔"，碑文正楷阴刻，记载本寂生平及重修墓塔经过，后附铭文204字。

并从缅甸请进汉白玉佛像 10 余座。赵朴初会长亲笔题写了"曹山宝积禅寺"和"大雄宝殿"匾额。2004 年曹山寺重建。本寂禅师墓塔、千年银杏和玉佛,为曹山寺"三绝"。2016 年,国家宗教局批准成立曹洞佛学院,使其成为全国第五家女众佛学院。现曹山寺为全国唯一一座由女众驻锡祖庭的禅修道场,是集曹洞宗法传承、佛学教育和拜谒祖庭为一体的佛教禅宗圣地。

抚州曹山本寂禅师语录

（节选）

师讳本寂,泉州莆田黄氏子,少业儒,年十九,往福州灵石出家。二十五登戒,寻谒洞山。洞山问,阇黎名甚么?师曰,本寂。山曰?向上更道。师曰,不道。山曰,为什么不道?师曰,不名本寂。洞山深器之(僧宝传,师名耽章,此灯录所载,遂仍之)。自此入室,盘桓数载,乃辞去。洞山遂密授洞上宗旨。复问云,子向甚么处去?师云,不变异处去。洞山云,不变异处,岂有去耶?师曰,去亦不变异。遂往曹溪,礼祖塔。回吉水,众向师名,乃请开法,师志慕六祖,遂名山为曹。寻值贼乱,乃之宜黄。有信士王若一。舍何王观,请师住持。师更何王为荷玉。由是法席大兴,学者云萃。洞山之宗,至师为盛。

师示众曰,凡情圣见,是金锁玄路,直须回互。夫取正命食者,须具三种堕。一者披毛戴角,二者不断声色,三者不受食。时稠布衲问曰:披毛戴角,是甚么堕?师曰:是类堕。云不断声色,是甚么堕?师曰:是随堕。云不受食,是甚么堕?师曰:是尊贵堕。

师因僧问五位君臣旨诀。师曰,正位即空界,本来无物;偏位即色界,有万象形。正中偏者,背理就事。偏中正者,舍事入理。兼带者,冥应众缘。不堕诸有,非染非净,非正非偏。故曰:虚玄大道,无著真宗,从上先德,推此一位,最妙最玄,当详审辩明。君为正位,臣为偏位。臣向君,是偏中正;君视臣,是正中偏;君臣道合,是兼带语。僧问,如何是君。师曰：妙德尊寰宇，高明朗太虚。云如何是臣。师曰：灵机弘圣道，真智利群生。云如何是臣向君。师曰：不堕诸异趣，凝情望圣容。云如何是君视臣。师曰：妙容虽不动，光烛本无偏。云如何是君臣道合？师曰：混然无内外，和融上下平。师又曰：以君臣偏正言者，不欲犯中，故臣称君，不敢斥言，是也，此吾法宗要。乃作偈曰：

> 学者先须识自宗，莫将真际杂顽空。
>
> 妙明体尽知伤触，力在逢缘不借中。
>
> 出语直教烧不著，潜行须与古人同。
>
> 无身有事超歧路，无事无身落始终。

注释洞山五位颂

正中偏（暗里点头）：三更初夜月明前（黑白未交时，辨取萌芽未生之时，只今是什么时，此中无日月，不说前后去也）。莫怪相逢不相识（忘却也，就也，又作么劫中违背来，恁么则俱拱手去也）。隐隐犹怀旧日嫌（此两句一意，终不相似。又曰，圆也。又今日重什么，又恁么则不自欺得）。

偏中正（缘中会也）：失晓老婆逢古镜（露也，适来又记得，又是什么模样，恁么则别不呈色）。分明觌面更无真（即今会也，只者个便是也失，又恁么则未有真时较些子）。争奈迷头还认影（不是本来头，又莫认影即是又终不记得，又恁么则改不得也）。

正中来（过也）：无中有路出尘埃（无句中有句相随来也，又从来事作么生，恁么则不相借也）。但能不觸当今讳（傍这个早是傍也，自是一般人恁么，则尽大地无第二人也）。也胜前朝断舌才（非默更切于这个又终不切齿，恁么则叮咛不得者）。

兼中至（有句中来）：两刃交锋不须避（主客不相触彼彼不伤也，箭箭相柱，脉脉不断，不相敌者又恁么则却不相管）。好手犹如火里莲（坏不得，谁是得便者弱于阿谁，又恁么则终不作第二人也）。宛然自有冲天气（不从人得，又恁么则不借也，非本有，又恁么则己亦不存非己有）。

兼中到（妙挟）：不落有无谁取和（不当头，他是作家，正好商量，唤什么作商量，道将来云问）。人人尽欲出时流（皆欲出类，有什么出头处，又动则死，又怎么则随处快活也）。折合还归炭里坐（一也，即可知也，将知合作么生，谩他不得，又怎么则赖得是某甲。此位中事总就正位为主，若是正位中，兼无言说。亦无对宾底道理。若是对宾。偏位极则处。呼为对宾也。若是兼带等。总是临时索唤不同。或时对。或时不对。亦呼为有语中无语，无语中有语。广如偏正位中所明，更有不入偏正位子语，方难为人。须是明眼底人始得，不受指东划西）。

军峰山法门寺

军峰山法门寺坐落在宜黄县神岗乡境内的军峰山主峰脚下，海

图 55　军峰山法门寺

拔900余米。该寺历史上佛道合一,故又名"混元堂"。《宜黄县志》载:
"混元堂,明嘉靖庚申(1560年)僧无边建。益王(皇家宗室)赐'真
空妙湛'匾,罗近溪(汝芳)书'虚名法界'匾。丙寅(1566年),
无边复建'不二法门'牌坊"(图55、56)。万历四十五年(1617年),
由张姓僧人主持。清道光年间,住持福灿禅师建有大殿、佛堂、僧房、
厨房等,僧众多达80余人。民国期间,有僧尼7人,铜、木佛像多尊。
因军峰山寺地处主峰脚下,所以自古以来,就是香客游人登军峰山顶
观日出必经之地和歇息之处。20世纪50年代寺庙毁于火灾,现存建
筑为数次重建。

图56 军峰山法门寺

图57 桃华山寺

桃华山寺

桃华山寺建于宜黄县棠阴镇澄源、白竹村和中港镇店下村交界处的桃华山上（图57~59）。始建于宋，为寂庵和尚所创。寂庵和尚俗名余一心，江西玉山县人。曾为知县，因不满朝政，挂冠出家，为曹洞宗本寂系下弟子。清罗立宏《桃峰寂庵老和尚法堂记》载："桃峰载吾里望中，缥缈天际，朝烟夕岚，隐现出没，宜中高人韬寂其间。向来仙擅片席，发发荒烟蔓草中，诛锄草莱，鼎建宝刹。自和尚始，日久增其式廓，遂成丛林。"寂庵和尚九十圆寂，徒众于寺前建"寂庵老和尚塔"以葬。

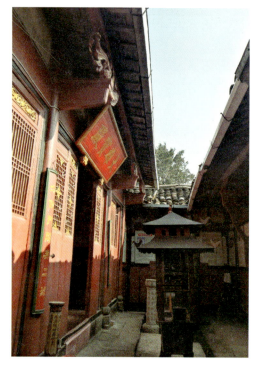

图 58　桃华山寺千年红豆杉
图 59　桃华山寺大雄宝殿

图 60　桃华山寺墓塔

清康熙己丑年（1709年）夏，山寺遭火灾，寂庵五世徒米也禅师捐资修葺，"修普同（塔），赎天亩，接待龙象"。雍正年间（1723 ~ 1735年），大雄宝殿被焚。光绪年间，明海禅师从建昌（今南城）寿昌禅寺来桃华山住持，整修复兴，增建观音堂、祖堂及僧寮，建筑面积达到800多平方米，时有僧众60余人。之后，明心、竹仲、清规、悟玄等相续住持，不断修葺、扩充。现保存古色古香、庄严肃穆的大雄宝殿、观音堂、西方三圣殿、灵照塔、客厅、斋堂、增察等建筑占地千余平方米。寺院高踞山顶，一尘不染，清净幽雅，秀丽脱俗。正如山门对联所云："四壁烟云参法界，五山灵气透禅机。"大殿堂联云："桃源问津，且作清游寻胜地；华山拜佛，普度众生献慈悲。"均是佛家弟子参禅心得写照。寺前，寂庵老和尚及海山、雷震、末也、灵源等历代禅师墓塔（图60），保存完好。寺右，普同塔塔幢上刻有"薜室光明长生洞，桃峰香热大地春"对联一副。寺后，右侧有一块多棱大石，传说寂庵曾经常坐禅其上。寺内还收藏有《本山二十八世祖步仙禅师莲修禅师碑记》《本山中兴监院明海禅师化主性顺禅师碑记》等碑刻。

石门寺

石门寺，又名石门庵，位于宜黄县中港镇店下村章角排村后山谷中，始建于宋（图61、62）。《兴建石门寺塔院碑记》载："桃华寂

图61 石门寺

图62　石门寺内

庵和尚，好游仙境。偶经佛屏之胜地，观其山水毓秀，发脉崔巍，立意建院，广集僧众，依山兴工创造。扩大丛林，焕然维新。宝殿巍峨，金碧辉煌，僧众繁盛，檀越往来，成为禅宗规模，名曰石门，始祖乃寂庵上人。"清乾隆、嘉庆年间（1736～1820年），相续有尔南、武闻、松许、德尊、伦瑞等禅师住持。道光年间（1821～1850年），一场大火，把石门寺烧得精光。百余年后，桃华山住持明海及其首徒竹慧（宜黄人）"久闻胜迹荒芜不堪，倾发慈心，邀及同志道友，亲临佛屏。观其光景，触目伤心，遂兴再造之心"。他们四处募化，经过几年努力，终于使"古刹重兴，复旧如初"。从此，"晨钟暮鼓，朝夕课诵，不亚丛林规则"。现存建筑，即为1923～1925年申明海、竹慧重修的寺院，寺院建于"佛屏"，分上、中、下三栋。下栋为山门，甚为宽阔；正中为大门穿堂，两旁对联曰："石上演三乘，引化群懞归觉路；门前说四课，救度众生处樊笼。"左边为客堂，有1927年佛学大帅欧阳竟尤撰、吴端堂书的《复兴石门古寺碑记》石碑。右边为僧房。中栋面阔亦为九间，中为大雄宝殿，左为大澈堂，右为观音堂。两栋左端有冰心堂，右端与科堂相连，右有侧门通寺外。上栋依山而建，三层歇山顶。一楼傍山，二楼为三圣殿，三楼大悲阁，中四柱，四周回廊，顶设藻井。各殿堂原有的160多尊佛像在"文化大革命"时期被毁。现新塑如来、弥陀、观音、十八罗汉等佛像100多尊。山门左狮子岭上保存有1942年修建的僧院一所，右侧路旁有普同塔。

伍 地方戏曲文化

中国戏曲艺术的瑰宝

　　"地方戏"作为中国活态传统文化表现形式，凝结传承着特定地域历史文化、民风习俗，为一方大众所喜闻乐见。中国地方戏曲如同一座繁花似锦的百花园，各种不同的声腔如同百花园中竞开的花朵，以不同的姿态争芳斗艳。

　　宜黄戏曲文化繁盛，堪称"戏乡"。古时因盛产夏布而商贾云集。商品经济的发展，文化交流的频繁，促进了戏曲艺术的繁荣。明代以来，弋阳腔、徽州腔、乐平腔、青阳腔、海盐腔、昆山腔，清代西秦腔、梆子腔、乱弹及京剧、采茶戏等声腔和剧种先后传入，并在这里融汇发展。明末清初发源并最终形成宜黄腔，成为江南地方戏曲中的一颗明珠。据载，历史上宜黄戏曲文化最繁荣时，戏曲艺人多达三千余人，古有"临川才子，宜黄第子"之称。

宜黄戏

　　宜黄戏曲文化从发源、发展，经历了从弋阳腔（高腔）、海盐腔到宜黄腔（二黄腔）的演变，到形成宜黄戏，至今已有四百余年的历史（图63～74）。在宜黄戏曲文化传承发展过程中，明代抗倭名将、兵部尚书谭纶和戏剧大师汤显祖起了重要作用。

　　在明嘉靖前，宜黄地方流传的是弋阳腔及其变种乐平、青阳腔，俗称高腔。明嘉靖年间，在浙江抗倭的谭纶将发源于浙江海盐县的"海盐腔"引入其家乡宜黄，他"以浙人归教其乡子弟，能为海盐声"。自此，宜黄戏曲走向繁盛，据载"食其技者殆千余人"。

　　明代戏剧大师汤显祖对宜黄戏曲和宜伶尤为钟爱和欣赏，其"临川四梦（《牡丹亭》《紫钗记》《邯郸记》和《南柯记》）"，均由宜伶首演以至流传，并推荐宜黄戏班赴吉安、永新和南京等地演出。同时，他还撰写了我国最早的戏曲学导言、戏曲理论专著《宜黄县戏神清源师庙记》，记述了地方戏曲史料、戏曲社会功能论和演艺艺术论等内容，是研究我国戏曲史和戏曲理论的重要文献。

　　到明末清初，源于甘肃省南部的"西秦腔"传入安徽省的一支成为枞阳腔，经上饶传入宜黄。初期为笛子伴奏的平板吹腔和唢呐二凡。清乾隆初年，宜黄艺人废唢呐改由胡琴为主奏乐器。但反调二黄（凡）还保留唢呐伴奏。由此，西秦腔经宜黄艺人改革，首创以胡琴为主要伴奏乐器的胡琴腔，即形成"宜黄腔"。宜黄腔即京剧等诸多剧种的"二黄腔"之前身。

　　清同治年间（1862～1874年），宜黄伶人吸收西皮、浙绸、南北词、拨子等声腔，形成一个以宜黄腔为主，兼唱西皮等各种声腔的剧种。

图63　宜黄戏老剧照

图 64　宜黄戏老剧照
图 65　宜黄戏老剧照

图 66　宜黄戏老剧照

图 67　宜黄戏老剧照

图68　宜黄戏新剧照

新中国成立后，正式定名为宜黄戏。

宜黄腔形成后，首先在省内，特别是在抚州、南城、上饶、赣州等地广泛流行（图75～78）。在省外，宜黄腔首先传至安徽，并在安庆扎根，成为著名的安庆二黄。然后以安庆为枢纽，分数路扩展到江苏扬州、湖南澧州、湖北黄州、山西蒲州和北京等地，京剧盛行后，宜黄腔作为京剧二黄已有很大发展和提高。而留在宜黄戏中的宜黄腔

图69　宜黄戏新剧照
图70　宜黄戏新剧照

图71 宜黄戏新剧照

图 72　宜黄戏新剧照

图 73　宜黄戏新剧照
图 74　宜黄戏新剧照

图 75　东门古戏台

又名三圣殿，位于新
丰乡东门村，砖木结
构，清代建筑。旧时，
县城的瑶里庙、文昌
宫、较大的庙宇均建
有戏台，据 1984 年
统计，全县尚有古戏
台 19 座，现存的华
光殿古戏台、下湾古
戏台等，既是重要的
戏曲演出场所，也是
精美的古代建筑，充
分佐证了旧时宜黄戏
曲艺术的繁荣。

图 76　东门古戏台内部

图77 华光殿古戏台

位于新丰乡护竹村，顶部为八角形藻井，饰有图案。有"出将""入相"门。后墙及穿方上有清末及民国部分戏班名称及演出节目。其中有"永福班"演出的《闹沙河》等节目。壁间庙记碑文载："惟故者相传，始于元代，由本都石马桥八堡移家于此。"戏台为清嘉庆丙子年（1816年）腊月重修华光殿时建造。

图78 下湾古戏台

位于神岗乡下湾村，清代砖木建筑，戏台三面围有回廊，中间为一大天井，平时戏台演出，不管风雨天观众都可坐在回廊观看。

图 79　二黄阁

位于卓望山下，现为宜黄群众开展戏曲活动的重要场所。

虽亦有发展，但基本保持原生态腔调。

宜黄戏剧目颇为丰富，多取材于历史故事、说部、话本、古典小说、民间传说和神话，遗有整本戏 163 出，小戏（折子）317 出。宜黄戏角色生行有正生、老生、小生，旦行有正旦、夫旦（老旦）、小旦、二旦，净行有大花、二花、三花、四花等。宜黄戏腔谱比较简单明快、粗犷，只有黑、白、红三种对比强烈的颜色，现保存下来的腔谱有40 多种。

宜黄戏唱腔包括宜黄腔（二凡、平板）、反调（凡字）、西皮、浙调、吹调、拨子、南北词及民间小调等，主要以"二凡"为主体，上、下句结构，唱词以十字句为主。二凡包括紧中缓、正板、简板、十八板、摇板、回龙、叠板和反调等基本板式，每一种板式的调式结构与旋法

图 80　二黄阁夜景

都有一些差异。因此，可以根据剧中表现的性格、剧情的要求进行不同的选择。唱腔大都是一板一眼的，很多曲调还带有重叠二字的特点，唱腔以六声徵调式为主，并与宫、商、角、羽调式形成多种调式的交替，以此来丰富唱腔的表现力。

宜黄戏曲牌共有100余首，常用的有40余首，可根据剧情的需要选择相应的曲牌来表现特定的环境与情绪。宜黄戏曲牌富于旋律性，常在调式交替方面形成变化与对比，因而在渲染气氛、配合动作等方面能获得更细致的效果，丰富了宜黄戏的表现力。

宜黄戏表演也是粗犷大方，唱做念打形成一套严谨而又灵活的程式。例如，演《四国齐》中，骑兵不执马鞭，而是身扎马灯，随锣鼓击出的马蹄声而做出种种跑马身段动作。齐景公由二花扮演，钟离春俊扮，但脸上一边画铜钱，一边画桑叶。

宜黄戏2006年入选为国家第一批非物质文化遗产名录。为弘扬宜黄戏曲艺术，宜黄县建设了宜黄大戏院，成立了宜黄戏传习所，大力培养青年戏曲人才，并排演了《汤翁宜黄情》《赵女装疯》《贵妃醉酒》《西湖借伞》和《对丹》等许多新剧目（图79、80）。

乡土民俗文化

源于劳动，生于山乡

　　一个地方的民俗文化起源、传承和发展于人们的生产生活，是群众的集体文化创造，具有明显地缘人文特征，凝结着人们的智慧，融入人们的生活，沁入人们的骨髓，深印入人们的记忆，经久不衰，是此地风土人情的重要体现和载体。

　　宜黄在漫长的历史长河中，蕴育形成了独特而丰富的民俗文化，如民歌小调、戏曲歌舞、说唱曲艺、传说歌谣、灯彩焰火、方言俚语、饮食菜肴等等，并具有浓郁的本土特色。如，宜黄灯彩文化就包括龙灯、盘灯、花灯、吊灯等多种表演形式；民歌就有山歌、茶歌、船歌、灯歌、儿歌、生活音调等曲调；曲艺就有道情、清音、莲花落等；地方戏曲除宜黄戏外，还有采茶戏、傀儡戏、承恩灯戏、通直灯戏、花鼓戏、马灯戏等。

　　在宜黄诸多乡土民俗文化中，禾杠舞、神岗傩舞、棠阴夏布织造技艺等，以其民俗地域特征明显、历史传承悠久、文化艺术特色鲜明，堪称乡土民俗文化的瑰宝，已作为国家或者省、市级非物质文化遗产加以保护弘扬，并走出宜黄，远播四方。

　　宜黄乡土民俗文化，根植于古老而悠远的宜黄热土，经长期培育积淀而成，来源于劳动生活，滋生于山乡村野，发端于田间地头，群众自编自演自赏自乐，虽带有些许"土腥"味道，却是宜黄文化之根基，是宜黄农耕文明传承的精要。

图 81　禾杠舞表演

禾杠舞

宜黄属山区，山深林密，历史上常有猛兽出没，上山砍柴、下田劳作时必须结伴而行，于是用农具镰刀敲打禾杠吆喝同伴上山。这种吆喝渐渐进化为曲调，演变成抑扬顿挫的山歌。随着时间推移，这种敲禾杠伴奏山歌的文艺形式，不断丰富发展成一种具有浓郁乡土特色的舞蹈，在宜黄流传至今已有六百余年的历史，被誉为"劳动中的舞蹈艺术"。

禾杠舞是由禾杠歌演变而来的，当地人称"打禾担"，是利用柴刀碰擦禾杠发出的音色、音调来丰富禾杠歌的节奏韵律，表演者一边敲击禾杠，一边唱歌，一边舞蹈（图 81～84）。一般和着歌腔的

图 82　禾杠舞表演

图 83　禾杠舞表演

图 84　禾杠舞表演

节奏敲打，或自打自唱，或一人唱一人敲打，或对打对唱，歌词不固定，即兴填词，或借景抒情、打趣猜谜，或谈情说爱，通常在上山路上或休息时演唱。

这种别致的形式，男女老少都爱舞爱唱，每逢结伴上山砍柴时，总要敲着禾杠唱几句，有时男女分组，或男唱女和，互相比赛，歌声悠扬，竹声阵阵，十分热烈。有时也加入打镰枪表演。禾杠舞道具简单，易学易演，唱词可随意即兴发挥，易于流传，是人们劳动之余的重大娱乐活动，也是凝聚人心和青年男女爱恋传情的重要媒介。

禾杠舞影响最大的是一种以山歌《卓望山上》为主调的《禾杠舞》。2014 年，宜黄禾杠舞被列入第四批国家级非物质文化遗产名录。禾杠舞深受群众喜爱，现建有多个表演队伍，是重要的群众文艺和体育健身活动。

神岗傩舞

　　神岗傩舞是流传于宜黄县神岗乡的一项民间舞蹈，以祈福祛邪逐疫为主旨，动作原始古朴稚拙。据《宜黄县志》记载，相传明代初，新丰护竹一带为祈祷华光神，每于其生日（农历九月二十八），人们跳傩以逐疫。由二人戴面具，一饰华光，左手掌印，右手执剑；一饰妖魔，表演诛妖，做各种舞蹈动作，以锣鼓伴奏。流传至今已有600余年历史（图85～89）。

图85　神岗傩舞表演

图86　神岗傩舞表演

图87　神岗傩舞表演

图88　神岗傩舞表演

图89　神岗傩舞表演

神岗傩舞每年正月初一开始，一直要跳到正月十五。开傩须进行请傩仪式。初一先在各祠堂门前跳，跳完后，面具、锣鼓、服装要还原放回行宫。初二起，就可直接上行宫启箱，从上到下，挨家挨户接着跳，主人要鸣放鞭炮送傩神。农历正月十五，跳傩结束，十六日上午十时左右，要在晒谷场上表演节目跳给大家看，称之"拨拢"。

神岗傩舞内容主要是祈求五谷丰登、猪肥牛壮、人人平安。表演形式分长枪、短棍两类。其中长枪带号诗（贺词），长枪动作粗犷，幅度大，舞起来一阵风，干净利落，出手不凡，意蕴驱邪威力强；短棍动作风格与其相反，多悠娴、文静，幅度小，主要用于祈福纳祥，并伴有诙谐情趣，跳起来亦庄亦谐，意境文雅清静。傩舞以大锣和鼓两种打击乐器伴奏，锣鼓点子比较简单，节奏根据节目不同而变化，有的一个节目中根据不同的动作，节奏也有变化，四个角落变换舞动，意在驱鬼逐疫不留邪角。

2013年，宜黄神岗傩舞被列入第四批省级非物质文化遗产名录。

棠阴夏布

棠阴夏布发源于宜黄棠阴古镇，始于明朝中叶，是本地一位吴姓商人在汉口经商，看到夏布盛销，将夏布织造技术引入棠阴，开始办起了织布坊。到清乾嘉时期最为兴盛，建有织布坊100多家，镇上居民家家会绩夏布。随着市场的需求，又兴起了漂染坊，从雷湾村渣堡至解放村索湖7千米长的河边，建有漂染坊20多个，其中以碓白桥漂染坊技术最高。由于棠阴夏布洁白如雪，轻柔胜丝，是避暑爽身的衣料佳品，素称江西纺织业中的一颗明珠。因经营需要，又兴起了专门从事经销夏布的夏布行，其中以"同和夏布行"为最大。夏布行和商人将棠阴夏布远销日本、朝鲜、新加坡、泰国、菲律宾一带和国内各地。清末，棠阴夏布最高年产量达40万匹左右。1922年，棠阴夏布与宜黄土纸均在巴拿马万国博览会上展出，并获优质纪念奖。

棠阴夏布织造工艺比较精密，生产流程也比较复杂细致（图

图90　棠阴夏布生产
　　　　工艺

90～95）。棠阴织夏布以苎麻为原料，采用高机生产，织布一般分为绩乡恣、牵纱、刷纱、过筘、上机织布等程序。棠阴不仅是能织出800～1200筘的精、细、光、滑、软的夏布，而且是国际国内进行漂染深加工的唯一生产地区。国内曾有"药不到樟树不全，夏布不到棠阴不白"之说，国外曾有"棠阴夏布胜杭纺"之美称。棠阴夏布深加工的工序为：将夏布通过高温蒸布、沧布、浆漂、打碾、水漂、过浆、脱水、漂晒、再打碾、上边、拆布、包装、上标

图 91　棠阴夏布生产工艺
图 92　棠阴夏布生产工艺

图 93　棠阴夏布生产工艺
图 94　棠阴夏布生产工艺
图 95　棠阴夏布生产工艺

等十三道工序，使夏布形成自然
白布。如需要花色夏布，再通过
漂染坊六道工序定色。当然，棠
阴夏布能成为高档夏布，在国际
国内享有盛誉，最主要的是镇内
有含矿物质的河水。清嘉庆年榜
眼、侍讲学士谢阶树在《宜黄竹
枝歌》中记述："夏布之细者，
光似雪华，薄如蝉翼，虽宽里大衫，
卷之不盈一掬。"并以诗赞："回
文匠匦成仙手，卍字牢连译佛胸。

雪纬冰丝中妇职，背灯无语向灯缝。"

1939年秋，在日本东京早稻田大学纺织科毕业的梁帮柱（字砥澄，江西新建人）和欧阳西生（江西宜黄人）奉省教育厅命令前来棠阴筹备创办了麻织学校，校舍设在吴氏八府君祠，除开设普通中学基础课程外，另设了苎麻、漂染、纺织、机织、意匠分解等专业课程。七年中，培育了200多名中等专业技术人才。1948年，民国江西省教育厅调整五所省立职校，麻织学校由宜黄迁往临川。

现在，古老的棠阴夏布生产工艺尚存，2017年，棠阴夏布织造技艺被列入省级非物质文化遗产名录。

承恩花灯

棠阴承恩花灯是宜黄棠阴镇最具特色的民俗文化之一，至今已

图96　棠阴承恩花灯
图97　棠阴承恩花灯
图98　棠阴承恩花灯

图99　棠阴承恩花灯

有600余年历史（图96～99）。据传，明永乐十九年（1421年）元宵，永乐帝朱棣继承唐宋遗风，与民同乐，京师万人空巷，灯火通明，鼓乐喧天，火树银花。朱棣率众臣饮酒观灯，诗兴大发，便叫群臣饮酒作诗，每有诗成，请宜黄籍大臣（官至通政司右通政）吴余庆当众书写，写后放之书台，供人欣赏。但是这一天吴余庆满脸愁容，心事重重，严重影响书法水平。永乐帝见状问道："爱卿今天为何不悦？"吴余庆拜道："回奏皇上，昨接家中手示，母亲病重在床，臣六岁丧父，全赖老母抚养，臣在京师无以为报，每逢佳节倍思亲。

故思之发愁也。"永乐帝听完吴余庆之言，大为感动，于是传旨户部钦赐皇上御灯十五架水运棠阴，让其母观赏。

此后每年正月初至元宵夜，吴氏便以支房为单位，各自制扎出造型各异的花灯，组成承恩、冠棠、带桥、天麟、天马、天鹰、长虹、十字、西巷、东巷、塔背、月池、松、均坪、昼锦、上仪、中秋等 17 路花灯。在锣鼓、唢呐和其他乐器的伴奏下，游街比美，热闹非凡。从此棠阴的承恩花灯会越来越红火，每年正月十五闹花灯时，其后裔还特地制作"五朝名卿""纂修大典""出纳王言""乡贤名宦"等四座牌灯，以纪念吴余庆的功德。

如今，每到节日，人们便以花灯表达心中的喜庆。伴随着铿锵的鼓点、悠扬的乐曲，人们一边挑灯表演，一边伴乐歌舞，携着浓厚的乡土气息，带着满腔的花灯情怀，个个挑弄着造型各异、色彩绚丽的花灯，在复杂的队形变化中摆出各种灯型，舞出独特风采。

明清民居建筑文化

记忆中的乡愁

对故土的眷恋是人类共同而永恒的情感。乡愁是我们与过去生活的情感对话，是对传统文化的继承与坚守。乡愁是那一座座青山，是一道道绿水，是古老的古镇村舍，是小桥流水，是故道古井，是一砖一瓦，是一草一木。

图 100　宜黄古县城图

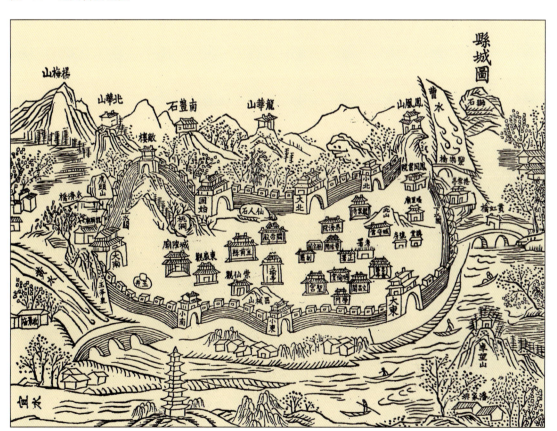

　　宜黄现存古建筑多为赣式明清传统建筑，以民居、祠堂、楼塔、戏台、桥廊等为主。建筑多以砖、木、土、石为原料，以木构架为主，以石雕、木雕、砖雕装饰，匾额门楣书法题刻秉承儒风。建筑布局简洁，装饰精巧，朴实素雅，具有浓厚的地方特色（图100）。

　　"音乐是流动的建筑，建筑是凝固的音乐。"宜黄县城老街旧巷，棠阴古镇，分布在田野山间的传统古村落，以及其间数不尽的古道、民居、祠堂、古桥、老井等等，千百年来，如同丝竹管弦在宜黄山水间回响，足以让宜黄父老津津乐道，让离乡的游子魂牵梦绕，让远来的客人驻足留恋。

县城老街

　　宜黄县城老街位于宜黄河西南岸，建于宋初，其南门路、北门路、教场巷和小东关等处尚保存古街格局，古建筑繁多（图101～

图 101　县城老街——北门路

图 102　县城老街——南门路

图 103　县城老街——四堡街

图 104　县城老街——
教场巷

104）。据传宜黄故县城本建在河东区域，至宋开宝年间，拟筑新城，
有位司马头陀，精堪舆术，谓河东不如河西，因此将新城筑于河西。
古有"宜川十景"，为凤冈耸汉、狮石回澜、卓岭朝曦、斧泉夜月、
梅峰积雪、桃洞舒霞、二水绕城、百花拥塔、卷雪樵歌和贯虹渔唱。

　　清嘉庆榜眼、侍讲学士谢阶树在《宜黄竹枝歌》中记述宜黄
县城："城中高岭与云齐，城外平芜泛水低，司马头陀精相宅，河
东原不及河西。""城如窦网依山立，屋似停舟傍水分，好笑县中
成两界，南门花木北门云。"

　　如今古街居住人口众多，虽街巷狭窄，但现存条条古道、多栋
明清古建筑、一座座古井，记录着古人的生活，延续着今人的日子。

棠阴古镇

　　棠阴古镇始建于北宋年间，原名陂坪。临川一居士吴竦游览到此，见其山清水秀，风光秀丽，以为钟灵毓秀之宝地，遂于北宋天圣九年（1031年）携家人来此肇基，并亲手植甘棠树于村西南通道边，祝曰："汝茂，吾子孙亦昌茂。"后人取"甘棠茂荫"之意，改陂坪为棠荫，后又改称棠阴。明万历年间，因商业兴隆，盛产夏布，为江南通商贸易中心地之一，始称棠阴为"镇"。素有"小小宜黄县，大大棠阴镇"

图 105　棠阴古镇街景

图 106　棠阴古镇街景

之说。至 1939 年始定为行政镇（图 105 ~ 110）。

　　棠阴先辈遵从古人择址建宅"枕水、环山、面屏"的风水理念，依山傍水、聚族而居，古镇布局合理、错落有致、谐和宜居，南北划分为书锦坊、昼锦坊、港下坊、均坪坊、塔背坊、月池坊、冠裳坊、碓桥坊、天鳞坊、天马坊、天鹰坊共十一坊。又因地势高下、向背及邸宅间距，构建成九岭和十三巷。这些坊、岭、巷纵横交错，都与五里长街相通，各类古建筑错落点缀其间。

　　棠阴古镇由于其得天独厚的自然地理条件，促进了夏布生产制造业的飞速发展和商贸兴隆，也带来当地经济、文化的繁荣昌

图 107 棠阴古镇街景

图 108　棠阴古镇街景

图 109　棠阴古镇街景

盛，涌现了许多富贾望族。他们凭借其雄厚的经济基础和文化理念，竞相修建祠堂，建造豪宅，拓建店铺。历经数百年的营建，至清乾嘉年间，棠阴镇已发展成有 5000 余户、人口 12 万有余的大集镇。出现了五里长街，商铺连绵；十里河埠，商船云集；方圆百里，豪宅栉比的兴旺景象。这些祠堂、大宅、商铺因其主人的政治、

图 110 棠阴古镇街景

图 111　八府君祠

明代建筑，为棠阴吴姓家族宗祠。明神宗万历八年（1580 年），为纪念棠阴吴氏
开基始祖吴竦（号"八府君"），而建造祠宇寝堂。现前后殿均毁，仅留中殿。
中殿建筑用材优良、工艺高超，有巨大石础木柱 30 根，其正殿中厅大柱周长达 2.46
米，石础周长 2.9 米，有镂空宝相仰莲图饰。抬梁式构架，斗拱交叠，雀替均有精
致花纹；前梁雕有"雀、鹿、蜂、猴"图案，隐喻"爵禄封侯"之意。大厅有 200
多平方米，靠中堂有两口方井。中厅左右两厢有 28 柱长廊。建筑规模宏大，为江
南少见。

经济地位不同，文化、家庭背景各异，所建造的风格也各具特色，
形成了建筑错落有致，风格各呈异彩，艺术斑斓多姿的建筑群体
（图 111 ~ 118）。

棠阴镇的古建筑群博采众长，风格各异，无论是祠堂、住宅、
牌坊、桥楼、庙宇等，大多数为梁式木构框架。平面布置常为三开间，
大门多为青条石构建，上镌刻有门第牌号，庄重气派。屋内有天井，

图 112　八府君祠内景

天井层次和大小与整栋房屋的纵深及大小比例协调，格局严谨且富有变化，每栋房屋在四周风火山墙的拱卫之中自成一体，并善于结合自然环境组成和谐巧趣的建筑空间。在房屋的风火山墙、檐椽、斗拱、梁枋、雀替、柱础、柱头、门楣、隔扇、窗棂等处，都有造型各异的浮雕。雕饰题材广泛，技艺高超、造型生动、图案优美，内容主要有人物戏文、飞禽走兽、花卉虫鸟，构图新颖生动，寓意

图 113　迎恩塔

位于棠阴镇龟山上，始建于明崇祯元年（1628 年）。六面七层，砖石结构。塔高 40 余米，直径 8 米，塔体中空，塔内壁有两条螺旋式 588 级阶梯直通塔顶，分两个门进入，层层互见不相遇，直到顶层，中有一横木，建筑结构奇特。该塔雄踞龟山，俯瞰棠阴，颇为壮观。

图 114 罗家大院

位于棠阴镇通棠街北端，为罗姓宗祠，俗称"罗氏官厅"。有三个厅、五个天井和一座花园，其天井下一块长达 9.3 米的条石，被誉为"江南民居第一条石"。罗家大院系清光绪初奉岐大夫、太学生罗亨溶所建。

图 115 吴家大院

清代夏布富商吴恒富所建。正中三厅连进，前有照壁，后为堂背。左掖门内上下两厅，中为天井；右掖门内上首为小姐楼，楼上三间，右间为小姐卧室，中为厅堂，左为丫鬟住处；掖门下首为民居。

图 116 吴家大院

图 117　瑶下古码头

位于棠阴镇雷湾村，明清古码头，建在宜水河湾处，码头用大石和条石砌成，三面环水，是棠阴古镇现存的唯一古码头，是明清时期夏布运输的主要水陆码头。

图 118   观埠桥

位于流经棠阴的宜水河上，是一座清代全石结构拱桥，五孔六墩，桥身用
条石砌成，宽约 5 米，长约 60 米。

巧妙别致，刀法精湛精美，既体现了当时流行的建筑风格，又采用了当年典型的建筑艺术。

清嘉庆榜眼、侍讲学士，宜黄人谢阶树在《宜黄竹枝歌》中记载："棠阴，镇名，在县之南三十里，户五千有奇，一县村落无有盛于此者。村中惟吴、罗、符三姓，自宋以来，世为婚姻，如朱陈也。旧俗称健讼，今闻彬彬多礼让之风矣。"为此，他诗赞到："万家林落只棠阴，四代朱陈留至今。孝悌若成清献里，廉泉让水自深深。"

古镇棠阴，跨越千年时空，至今依然基本保存完好的古建筑物有 50 余处，祠堂、豪第、桥、塔、码头、牌楼等，是棠阴历史文化的缩影和见证。2003 年 7 月，棠阴镇被江西省政府公布为首批省级历史文化名镇。

传统村落

潭坊村、君山村、夺中村、涂家寨等，诸多坐落在宜黄各山乡田野的传统村落，或山环水抱，或林掩竹映，多已有千年历史，是在长期的农耕文明传承过程中逐步形成的，体现着宜黄传统文化、建筑艺术和村镇空间格局特点，反映着人居村落与自然环境的和谐关系，凝结着历史的记忆，浸透着浓厚的乡愁，是农耕文明留下的宝贵遗产，也是现代美丽乡村建设、经济社会文化和生态发展的重要资源。

潭坊村

位于凤冈镇，是千年古村，宋元时称潭溪、长乐，到明代时改名为潭坊。潭坊村四面山环水绕，风光旖旎。潭坊历史上人才辈出，著名的抗倭名将、明万历朝兵部尚书谭纶是其中的杰出代表。明代中叶以来，潭坊盛产蚕茧、丝线、纺绸、稻米、藕粉、板栗等农产品，经济繁荣，百姓安居乐业。据《万福桥记》中载："如丝酬渡，远通广、闽，东近临川、金溪，西穿崇仁、乐安，往来车马担簦负贩者，日不知几何人也。"历经岁月沧桑，昔日豪门大院、商贾望族的建

图 119　三元塔

图 120　三元塔内部

图 121　谭氏宗祠石狮
图 122　谭氏宗祠石狮

图 123　余氏宗祠

图 124　贞节牌坊

筑群大多只剩下断瓦残垣，但仍遗有明清民居、三元塔、多座牌坊、祠堂等历史遗迹，记录着昔日的辉煌。

三元塔，位于潭坊万福桥东，建于明万历五年（1577 年），塔身为八面七层，高 12.4 米，对角直径 2.8 米，用青麻石砌成。据传明万历年间，乡民为防鼠疫建此塔以镇"鼠妖"。塔正门有红石刻字对联："宝塔镇乾坤隐隐乡民昭福泽，金仙安世界巍巍惠日灿祥光。"塔顶层每面嵌有小铜镜，八角挂铜铃，阳光普照，金光闪闪，轻风吹拂八面铃鸣（图 119、120）。

潭坊古牌坊众多，最具代表性的是大司马牌坊和贞节牌坊（图 121 ~ 124）。其中贞节牌坊是清嘉庆十九年（1814 年）朝廷为乡女邱氏所建，整座牌坊采用白色水磨石材料，宽、高各十余米，四立柱，自上而下有六层石质横匾，最上面有百花添寿葫芦顶，采用镂空石雕造型，下面是竖题"圣恩"二字，字体古朴遒劲，清朗俊美。正中是一块文字匾，刻有一段奏请建坊的历史记录，至为详细，从右至左整齐排列着从县衙到朝廷各级官员的官职和姓名。之下题刻"旌表监生邹际标之妻邱氏节孝"横匾，在所有题字匾之间和两侧，又分别装饰着云龙花卉和鳌鱼等精美图案，有双龙戏凤、梅鹤朝阳、文臣武将、鱼跃龙门、仕女飞天等，全部图案用镂空、浮雕、阴刻等雕刻手法，纹脉细腻，线条流畅。中间立柱上刻有金体对联一副，为"节励冰霜辛勤鞠子，名镌金石申命临孤"。整座牌坊构思巧妙，雕刻精细，图案华美，书法绝伦，保存完好。

君山村

属棠阴镇所辖，是千年古村。该村青山环抱，雄关护锁，碧水萦绕，古木参天，明清古宅鳞次栉比，清代名医黄宫绣即诞生在此村（图 125）。

村中现存古建筑"翰林第"为黄宫绣旧居，虽规模不大，但小巧精致。黄宫绣，字锦芳，号绿圃（图 126）。生于清雍正九年（1731年），卒于嘉庆二十二年（1818年），享年 88 岁。嘉庆九年（1804年）黄宫绣参加甲子科乡试，钦赐举人。嘉庆十年（1805年）乙丑科会试，赐进士出身，钦授"翰林院检讨"。黄宫绣不仅仕途腾达，而且精通医理，勤于著述，有《脉理求真》3 卷、《本草求真》10 卷、《本草求真主治》与《医案求真初编》等刊行于世，是清代著名医学家，乾隆时期江西籍十大宫廷御医之一。

古时候，进君山村只有一条路，亭桥便设于君山村口曲岭之上，左祠右山之间。亭桥犹如关隘，有一夫当关万夫莫开之势。亭桥原名"武云亭"，建于明万历丙戌（1586年）仲秋，横长 14 米，深约8 米，砖木结构，石砌亭门，上架巍楼于其上，尤似城墙护锁君陵（图

图 125　君山村内古街

127）。门楼顶脊两端为卷云状，中立大小三叠球式瓦塔，其檐四向
鲲鹏展翅欲飞，檐下前后各设五扇花窗，均添以石绿，似庙宇钟鼓楼。
底层四墙三间；左右为茶水房，中为通道凉亭，宽敞阴静，两侧墙
根各有一级长条石阶，平整光洁，可坐可卧。亭侧一溪清水川流而下，

图 126　翰林第

图 127　武云亭

图 128　贞寿之门

便溅东西；亭前旷其禾稼，碧浪翻滚；亭后古柏，参天如蓬；清风随来，迭至漂亮。过亭桥百米有"贞寿之门"，是清初为君山村黄胜佐之妻吴氏百岁而立，全石结构，现保存尚好（图 128）。既贞洁又长寿，这在古代实属罕见。

君山村内古井众多，其中一古井为双井圈盖，村人称双井，寓意深远（图 129 ～ 131）。据君山村民介绍，君山黄氏为福建和平黄峭之后裔，黄峭的第 20 个儿子迁居南丰双井，后改名为黄井，君山开基祖先为南丰双井（黄井）的后代，为纪念祖先，将古井凿成双井形状。

图 129　君山村古井
图 130　君山村古井
图 131　君山村古井

君山村古建筑以宗祠为主，共有明清宗祠 8 座。据《君陵黄氏七修族谱》载，北宋中叶，黄琼自矛岭迁居君陵，其长子黄湟，字淑祥，号黄三公，为君陵黄氏肇基者。至清代，黄氏有仲云公祠、良一公祠、黄奎轩祠、元公祠、彦谦公祠、行人公祠等 8 座公祠，其中元公祠是为明代广州府司理黄元所建，公祠雕梁画栋，最为宏大精美。宗祠现多已不存。

夺中村

位于芙蓉山和中华山之间，是南源乡的中心，故以村名为夺中（图 132～134）。夺中村四面环山，风景绮丽，村南有一溪清流绕村而过。村口是一延绵数里的后龙山，山上一棵银杏树树龄已达1100 多年，为夺中一景，名为"千年银杏迎朝霞"。千年银杏树旁还有树龄 500 多年的红豆杉，果实香气袭人（图 135）。

图 132　夺中村

图 133 仁和仙桥

图 134　夺中村风景

　　夺中村已有600余年历史，村中以封姓为主。据村谱记载，1368年，始祖景二公到宜黄游走，见这里山清水秀，若世外桃源，遂于此地开基建村。600多年来，夺中封氏儿孙繁衍昌盛，人物辈出。至今夺中村还保存有明清古建筑10多栋，其中沙帽官厅、四堂官厅、

图 135　银杏树

封氏祠堂等均为县级文物保护单位，建筑内砖雕、木雕、石雕精美。封氏祠堂为明代建筑，建筑规模宏大，内有古戏台，春节期间多有民间戏班来此演出。祠堂四壁刻有 2 米之高的"忠、孝、节、廉"四个大字。祖宗牌列有封氏历代祖先神位，祠堂内还陈列有宋仁宗赵祯御赐"开国元勋"长平侯封廷忠的牌匾（图 136 ~ 138）。

　　在夺中村还保存有一座节孝牌坊，牌坊的第一层刻有"旌表太学生封俊之妻梅氏坊"，两旁刻有"霜松""雪柏"大字，雕刻精细，玲珑剔透。牌坊上还凿雕有精美的瑞兽、花果、人物、书法和八仙图案等装饰。节孝牌坊古时经官府奏准为表扬节妇孝女而立的牌坊，流行于宋而盛于清。梅氏节孝牌坊是为表彰大学士封俊之妻梅氏而建的一座贞节牌楼，应为清代晚期的建筑（图 139、140）。

图 136　封氏祠堂
图 137　封氏祠堂
图 138　封氏祠堂

图 139　梅氏牌坊

图 140　梅氏牌坊

蓝水村

位于中港镇，地处蓝水河畔（图 141 ～ 143）。村中尚存明清古建筑和古街小巷，村中建于清乾隆四十九年（1784 年）的节孝牌坊，保护完好。

节孝坊全称"旌表长庚之妻邓氏节孝坊"。黄长庚为清代乾隆年间的进士，官至督察院右副都御史，负责巡抚江西军务。但黄长庚

图 141　蓝水村街景

图 142　蓝水村街景
图 143　蓝水村街景

图 144　节孝牌坊

不幸英年早逝，其妻邓氏一直谨守贞节没有改嫁，并尽心孝敬公婆。
乾隆皇帝为旌邓氏节孝，下旨在黄家大屋前立一节孝坊。因是皇上旨
意，故又在节孝坊正上方加立了一块"圣恩"字碑（图 144）。

　　节孝牌坊上共有七层雕刻，雕刻着栩栩如生的花鸟人物图，横梁
上有浮雕门神，手执枪棒，双目圆睁，虎虎生威。雕刻工艺之精巧，
令人叹为观止。牌坊上第四层一块长条形的青石板上，密密麻麻雕刻

着众多当朝官员的姓名，其中第一名为太子太傅、内大臣、文华殿大学士兼礼部尚书、两江总督高晋，还有兵部侍郎海明，兵部右侍郎、提督江西学证蒋光益、江西布政使德文、江西督粮道灵泰、抚州府正堂汤荸、宜黄县正堂姜延炳以及宜黄县儒学教谕、训导、典史等等。此外，牌坊左右两侧的附属建筑中，还各在两块青石板雕刻着邓氏的父族亲戚、夫族亲戚20余人的姓名。这些保存下来的文字，记录了当时建造这座牌坊朝野上下众多的官员和邓氏亲朋等人物的姓名，以及牌坊建造翔实的过程，为研究这一段历史提供了丰富的文献资料。

涂家寨

涂家寨位于二都镇石麓山上，是一片山顶"小平原"，现仍保

图 145　涂家寨村景

图 146　涂家寨进村古道

持良好的古村生态，民居建筑依山而建，山川沃野，古树掩映，景色
宜人（图 145 ～ 147）。

　　涂家寨易守难攻。石麓原是唐代江西涂姓祖山，据族谱记载，
五代世乱，汉公率众"筑城拒寇"，因居于此寨，今称涂家寨，已
有 1600 余年建村史。历史上，涂氏子孙读书好学，创造了诸如"九
子十知州""五桂""三贤"的奇迹。据谱载，自北宋至明清，有进
士、乡贡进士数十人，朝廷命官 200 多人。至今，该村还遗有汉公
故址古井、石麓关隘寨门遗址、涂氏祠堂等多处古迹。汉公故址古
井位于涂家寨村后的楼堂园，井的形制独特，井唇不高，跟井台连体，

图 147　涂家寨村古树

图 148　涂氏宗祠

图 149　涂氏宗祠

用丹石凿成。石麓关隘寨门遗址是谱载汉公在"郭坊寨上筑城拒寇"的历史见证。 石壁书院是北宋丕公之子四川廉访使亿公创办，供族子弟读书的义学，谱中有《石壁书院升降记》叙述其史。现只留存书院台阶和墙基。据族谱《祠记》，涂氏宗祠初建于北宋，由丕公"披荆创造"，元、明、清历代毁后重建，最后重修于清光绪戊戌年，现保存完好（图148、149）。

同时，由于其特殊的地理位置及良好的自然生态，该村还保持着"村中闲祠堂，百年不染尘""泥鳅满稻田，村民随手抓""寒冬腊月时，山上气温高"等独特现象。

其他古建筑

凤冈通济桥

位于凤冈镇仙三都村，横跨于黄水之上，清代建筑，桥身由条石砌成，共有 11 拱，古桥长约 100 米，宽约 5 米（图 150）。

麻坑石拱桥（得胜殿）

位于圳口乡麻坑村，建于明代，为单拱石砌拱桥，桥两头砌石阶而上。桥旁得胜殿为清代建筑（图 151）。

神岗周氏祠堂

位于神岗乡杨坊村，清代建筑（图 152）。

图 150 凤冈通济桥

图 151 圳口得胜殿

图152 神岗周氏祠堂

图 153　大公庙

图 154 下南源廊桥

图 155　中港李氏宗祠

大公庙

位于中港镇上坪村，清代建筑（图153）。

下南源廊桥

位于二都镇卜南村，清代建筑（图154）。

中港李氏宗祠

位于中港镇龙岗村，清代建筑（图155）。

捌 红色革命文化

红军第四次反"围剿"主战场

　　宜黄有着光荣的革命传统，1927 年 1 月成立中共宜黄小组，4 月
扩大为支部，从此，宜黄人民的革命斗争，便纳入了中国共产党的组
织领导。在与反动军阀和国民党反动派的斗争中，涌现出了许多可歌
可泣的英雄人物。如，宜黄共产党支部早期领导人之一、革命烈士邹
渊，他于 1926 年参加革命，同年加入中国共产党。"四一二"反革
命政变后在宜黄坚持斗争。1927 年在南昌不幸被捕，邹渊受尽严刑
拷打，仍坚强不屈。当年 12 月，壮烈牺牲于南昌小校场。当他赴刑
场时，依然神情自若，沿途高呼口号，从容就义。在狱中，邹渊遗
诗三首，感人至深。一为《寄母》："忠孝从来两难行，移孝作忠
母训明。望母莫为儿悲苦，儿能成仁母亦荣。"一为《寄弟》："头
颅一掷事本轻，遗恨未能奉慈亲。最后一句叮咛语，菽水承欢弟继承。"
一为《寄妻》："昔年鸿案曾相亲，卿卿我我见真情。我今笑赴刑场去，
孝亲抚孤在汝身。"

　　第二次国内革命战争期间，宜黄先后建立区委 15 个，区苏维埃
政府 5 个，属中共苏区的一部分。毛泽东、周恩来、朱德、刘伯承、
彭德怀、林伯渠、陈毅、罗荣桓、聂荣臻等老一辈无产阶级革命家先
后多次在宜黄组织、指挥战斗，进行革命实践活动。

　　当年红军在宜黄进行的各种战斗不计其数，仅 1932 至 1933 两年
内重大战斗（战役）就有 6 次。1933 年 2 月 21 日，中央苏区第四次反"围
剿"在宜黄打响的两大战役——黄陂战役、东陂战役，取得了辉煌胜
利，消灭国民党军 3 个师，俘获敌师长李明、陈时骥，击伤敌师长肖乾，

俘获旅长以下官兵 2.4 万多人，缴枪 2 万余支，宣告第四次反"围剿"取得彻底胜利。

　　毛泽东在《中国革命战争的战略问题》一文中称赞这两次战役是"空前光荣伟大的胜利"。朱德在《黄陂东陂两次战役伟大胜利的经过与教训》一文中对中央红军第四次反"围剿"做了较全面的总结，其中对宜黄当地党组织和群众对战役胜利做出的贡献给予肯定。他在文中指出"黄陂、东陂均为宜黄县苏维埃及独立团所占领，封锁了消息，决战区内均无反动势力为难红军，给了红军这些有利条件"。陈毅欣然写下了《乐安宜黄道中闻捷》："千崖万壑供野宿，羊肠鸟道笑津迷。半夜松涛动山岳，中天月色照须眉。工农儿子惯征战，四破铁围奇中奇 。"张爱萍于 1933 年 4 月为少先队参战粉碎敌人第四次"围剿"在宜黄写下了"蒋贼豺狼四十万，横行宜黄劫乐安。山深林密奇兵布，崖陡谷狭伏击圈。少年先锋模范队，配合红军诱敌歼。活捉敌首陈时骥，师长李明喂野犬"的诗篇。

　　蒋介石在黄陂、东陂战役失败后十分痛心，他在给陈诚的手谕中写道："惟此次挫失，惨凄异常，实有生以来惟一之隐痛。"陈诚于手谕后写道："诚虽不敏，独生为羞。"

　　1933 年 11 月第五次反围剿战役之一的云盖山、大雄关战役和五都战役也发生在宜黄的神岗乡、中港镇。在红军进行的历次反围剿战斗中，宜黄人民在中共宜黄县委的坚强领导下，组织游击队参战，提供后勤保障。红军长征后，中共宜黄县委积极组织独立团与游击队武装相结合，对敌开展各种形式的打击和袭扰，牵制敌军的活动，

图 156　革命烈士纪念塔

建于 1964 年，塔基长 44 米，宽 24 米，塔座正北碑文记叙了宜黄人民自 1926 年至 1949 年，在中国共产党的组织和领导下，进行艰苦卓绝的革命斗争史实，号召全县人民继承和发扬先烈的革命传统。南面碑文为中国共产党宜黄县委员会所题"继承革命先烈光荣传统，发扬更大光荣！"东面为宜黄县人民委员会所题"继承先烈遗志，为共产主义事业奋斗到底！"西面为宜黄县人民武装部所题"坚决保卫先烈们用鲜血换来的胜利果实！"

干扰敌军的兵力部署，间接地支援了红军长征。

在革命战争年代，宜黄人民在共产党领导下，进行了英勇不屈的革命斗争，为中国人民的解放事业做出了重大牺牲和贡献（图156）。第二次国内革命战争时期，宜黄人民直接参加红军、地方部队和政府工作人员达 7000 多人，其中参加长征的有 5000 多人，在共和国烈士名册上，有名有姓的烈士就有 500 多人。

黄陂战役

1933 年 2 月，国民党军第四次"围剿"中央苏区。25 日，敌罗

图 157　黄陂大捷主战场遗址

第二次国内革命战争时期中央苏区第四次反"围剿"的主战场之一。地域包括黄陂、霍源、大龙坪、蛟湖、拿山、大圆、安槎、塘圩及二都乡的佛岭、太源、新村与乐安县的登仙桥、小龙坪等地带。

图 158　宜黄县苏维埃政府旧址

原为张氏宗祠，清代建筑。1933 年，红军第四次反"围剿"黄陂战役时，宜黄县苏维埃政府搬迁至张氏宗祠，同时也是战役指挥部，朱德等同志在此指挥过战役和在宗祠后的树林中休息。

图 159　宜黄县苏维埃政府旧址内部

图 160　黄陂战役纪念亭

始建于 1986 年 10 月，"黄陂战役纪念亭"为当年参加过黄陂战役的老红军、民政部副部长袁血卒亲笔题书；亭内正中央立汉白玉纪念碑，正面刻"黄陂大捷示意图"，反面刻"黄陂大捷简介"。

卓英第一纵队第 52、59 师将于 26 日由乐安出动，分两路向宜黄前进。第 52 师沿摩罗嶂大山南麓，经太平圩、登仙桥、大龙坪、蛟湖、桥头向黄陂前进；第 59 师沿摩罗嶂大山北麓，经谷岗、西源、霍源向黄陂、河口地区前进。朱德总司令、周恩来总政委于是决心集中一方面军主力，于 27 日在东安之谷岗、登仙桥以东，宜黄之河口、东陂、黄陂以西地带，采取大兵团伏击战法，首先歼敌第 52、59 师，再乘胜歼敌第 11 师（图 157 ~ 161）。

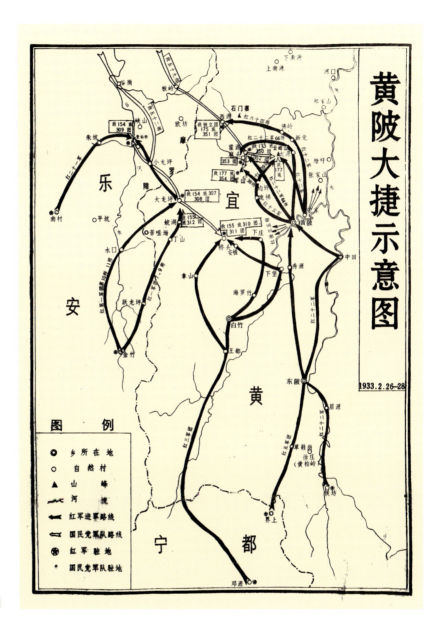

图 161　黄陂大捷示意图

　　27日，敌第52师沿登仙桥、大龙坪向黄陂前进；第59师沿西源、霍源向河口、黄陂前进。13时许，敌第52师前卫第155旅进至桥头附近，后卫越过登仙桥时，红一军团第7师向蛟湖进击，将其拦腰切断，第7、9师主力向进至大龙坪之敌第52师猛攻，第10、11师向进至小龙坪之敌后卫部队进攻，第 21 军赶至登仙桥附近截断敌人退路。经 3 小时激战，一军团将敌第 52 师师部、第 54 旅之第 309 团等部歼灭，俘敌师长李明。李明身负两处重伤，抬至苦嘴坳死去。28 日上午将敌第 155 旅主力歼灭，同时还歼灭进攻蛟湖之敌第 154 旅主力。

红军右翼队先头部队于 27 日 11 时 30 分进至黄陂、秀源一线，发现敌第 59 师正从霍源一带向黄陂前进。右翼队首长随即令第 22 军之第 64 师向霍源急进，抢占黄陂西北一带高地，第 15 军在霍源以南占领阵地。战至黄昏，形成对峙，28 日 8 时，红军右翼部队向敌第 59 师发动全线进攻，敌军纷纷溃退。先是军山之敌被红 39 师包围歼灭，接着云峰之敌被红 12 军、39 师一部和 22 军夹击歼灭。当日下午敌第 59 师师长率残部仓皇逃窜，红一军团司令部立即组织搜捕。3 月 1 日，满脸麻子的陈时骥被红军无线电队于螺峰山庙中抓获。

是役，俘敌师长 2 人，毙敌旅长 4 人，俘敌万余人，缴获枪支 1.5 万余支，其中轻重机枪 300 余挺，子弹 80 万发，炮 40 余门，无线电台 1 部，银圆 100 余万元等。

东陂战役

黄陂大捷后，红军主力迅即回到宁都县东韶一带休整。3 月中旬，敌中路军总指挥陈诚采取中间突破的方针，由黄陂、东陂向广昌县进攻。3 月 15 日，红三军团由东韶驻地向金鸡石、长罗、金竹、跃龙坪、蛟湖开进，红一军团由南团向水口、大龙坪前进。

3 月 20 日，敌后纵队之第 11 师进至草鞋岗、徐庄（黄柏岭）一线。红一方面军总部随即决定，采取各个击破策略。当晚，红一军团从三溪走大名、徐坊、杞洲，由西向东顺朝峰嶂插向敌人的后侧面，截断其东陂与草鞋岗的联系。红五军团由宁都走炉鉴、桥坑沿落马山、霹雳山进攻侯坊、徐庄、雷公嵊之敌。红三军团居中，由界上、雷母山进冲草鞋岗之敌。

21 日拂晓，红军向敌第 11 师发动全线攻击。至 13 日，红三军

图 162　东陂大捷主战场遗址

位于东陂镇西南部的东陂、草鞋岗、黄柏岭、层源、江背、河溪、三溪和新丰乡侯坊村，是第四次反"围剿"的主战场之一。

图 163　红五军团指挥部旧址

位于新丰乡侯坊村，原为邓氏祠堂。1933 年 3 月，中央苏区第四次反"围剿"东陂战役时，红五军团指挥部驻此。

图 164 红一方面军总部会议旧址

位于东陂镇黄柏岭村，原为徐氏宗祠，属砖木结构。1933 年 3 月下旬，中央苏区
第四次反"围剿"东陂战役大捷后，红一方面军总部在此召开有高级干部参加的
军事会议。朱德、周恩来同志出席了这次会议。现为红一方面军总部会议旧址纪
念馆。

图 165　红军伤病员住址旧址

位于东陂镇黄柏岭村，清代民居，红军第四次反"围剿"东陂战役时，红一方面军部分伤病员曾在此居住。

团和红一军团攻击部队从南北两个方向协力攻击敌人，经激烈战斗，攻占了黄柏山、徐庄、徐家段，歼敌第 11 师师部及 1 个团，黄柏山守敌两个团又在突围中被歼。17 时，敌第 11 师阵地全部被红军突破。红军右翼五军团、红 12 军攻占龙嘴寨，歼敌约两个团。

经一天激战，红军歼灭敌第 11 师全部、第 9 师 1 个营，打伤敌第 11 师师长肖乾和旅长 2 人、团长 1 人，打死敌团长 2 人，俘虏敌官兵 8000 余人，缴获步枪 5000 余支，机枪和自动步枪 100 余挺（支）（图 162 ～ 168）。

图 166 红军住址旧址

位于东陂镇黄柏岭村，是清代建筑，红军第四次反"围剿"东陂战役时，红一方面军部分指战员曾在此居住。

图 167 东陂战役纪念亭

为纪念东陂战役，始建于 1986 年。

图 168　东陂大捷示意图

红军标语

打倒国民党政府，武装拥护苏维埃

白军士兵你们要真正抗日反帝，与红军合作

图 169　红军标语

图 170　红军标语

图 171　红军标语

建立全国苏维埃政权

贫苦工农赶快起来欢迎红军慰问红军帮助红军

百战百胜的红军万岁

国民党说他抗日反帝为什么不让士兵北上抗日

只有工农红军才是抗日反帝的武装力量

打倒克扣士兵军饷的白军官长

反对白军官长压迫士兵奴役士兵修马路

白军打仗官长升官士兵送命

反对帝国主义镇压中国革命

打倒进攻平津的日本帝国主义

东北义勇军真正是抗日的先锋

援助白区反帝运动（图169～171）

山水文化

宜黄文化之源

自从人类诞生之后，由于自然崇拜，自然山水就不断被赋予文化内涵，通过一代又一代的传承与创造，积淀形成了以"天人和谐""乐山智水"思想为基础的山水文化，并成为中国文化的重要组成部分。

宜黄群山耸峙，或高插云天，或层峦叠嶂，或奇峻峭险，或幽邃秀丽。其间流溪飞瀑，河环湖依，山水相映，自成佳境，自古被文人墨客、艺术家们所青睐，成为他们吟颂描绘赞誉的文化载体和对象，并通过他们赋予宜黄山水以人文精神，形成了丰富的宜黄山水文化。如，谢阶树赞其家乡"三乡四十五名都，制字从山高下殊。山上有云山下水，山山都入辋川图。"清代学者、诗人艾畅过宜黄，诗赞宜黄"涧急能移石，峰高不让天，断桥横木接，峭径凿崖悬。水户沙中市，山家屋上田……"

军峰山

位于神岗乡东南部，与南丰县接壤，主峰位于神岗乡境内，海拔 1760.9 米，为赣东第一高峰。周围有龙翔、应仙、著棋、香炉诸山峰，悬崖峭壁，岩洞星布，峰峦连亘，气势磅礴。军峰之名，一种说法是诸峰罗列俯伏，如大将誓师，故称军峰。另一说法是汉长沙王吴芮曾驻军此山而称军峰。峰巅有约 80 平方米平地，宋代曾建石殿。据清同治《宜黄县志》记载，军峰山古迹有讲经台、炼丹台、净手池，景物有云洞、风洞、雷洞等，吐纳烟霞，变幻恍惚，幽遐瑰异，赏不暇给（图 172 ~ 174）。

历代多有文人雅士登山游览，记颂诗文不计其数。如，宋曾肇撰有《军山庙碑》，并题"山高万仞，翠压五岳"。明代笔记小说家、诗人黎近，有诗《军峰》：

近峰杰出万山巅，绝壁飞泷若倒悬。

雷撼九关声彻地，云擎一柱势参天。

朝逢朱雀翔空际，夜见金乌浴海边。

图 172 军峰山

图 173　军峰山

欲挹浮邱问王郭，世间谁是铁神仙。

明代著名地理学家徐霞客于崇祯九年（1636年）到军峰山考察，在游记中记录军峰山日落胜景："白赤刃如轮，平升玉盘之上，遥望日下，白气平铺天来，上有翠尖数点，则会仙诸峰也。"

清嘉庆年榜眼、侍读学士谢阶树在《宜黄竹枝歌》中有诗："岩峣云际见军峰，一到秋澄便荡胸。千叠万重山作浪，中央秀出碧芙蓉。"清宜黄人应麟《军峰记》中则记录了军峰山日出："日初大十倍，增地每六跃而上，似从中滚跳出者，望之茫茫。"清另一宜

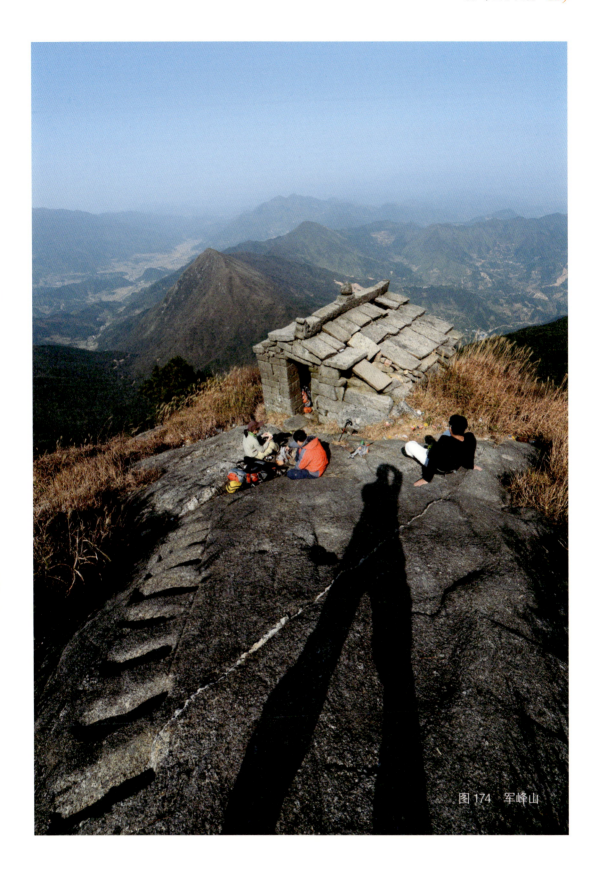

图 174　军峰山

黄人应昇在《军峰山记》中赞军峰山："拔地擎空，登巅霁望，山微翠远，飘飘然不复人间也。"

军峰山记

（清）应昇

抚属之山称名胜者必曰华盖、曰军峰，二山并孤峙，而军峰尤耸峭诡特。相传汉长沙王吴芮驻军此山，后得道，称赞古王，今赞古祠所祀是也。巉岩巀嶭，拔地擎空，登巅霁望，山微翠远，飘飘然不复人间也。其泉多飞瀑；其石突怒险峨，最奇者有定风石、鹅项石；其松生石罅，虬曲拙怪；云雾往往横半壁，上下殊阴晴；其古迹有讲经台、有炼丹台、有净手池；其吐纳烟霞，变幻恍惚，则有云洞、有风洞、雷洞；其峰则有龙翔、应仙、著棋、香炉；幽邃瑰异，赏不暇给。虽有好游之士，青鞋竹杖，不能尽迄也。然余盖多感矣，庐岳之胜也，背洞庭，面彭蠡，当大江以西，建康三楚之交，舟楫所通，四方宾客所经，名人达士慕其名而至者相属，使置军峰其间，其感发文心，激昂志气者，又何可胜道？惜乎介在偏隅，道里荒僻，骚人韵士无因而至。彼望仙拜谒，半出村老野妇祈福希冀，非有探奇揽胜之思，虽见而不解，解而不能言也。故尝考之舆图及古今志，游者多阙焉不载，坐使其名不埒于庐阜。岂唯不埒庐阜，将复更逊华盖，岂非有幸有不幸耶！山之顶构石殿其上，观于山之半，曰混元堂，妥仙也。凡钟馨简炉之事，朝真步虚之声，亦历久不衰。夫以辟在荒介，为骚人韵士慕其名者所不至，而乐于村老野妇残僧独士见而不能解，解而不能言者相周旋，当尔山灵之所自喜，而神仙孤往之士所托迹而不弃者也。

（摘自《宜黄县志》，1993 年）

太极岩石碧

太极岩位于二都镇，此地地貌奇特，山色秀丽。马祖道场石碧

图 175　太极岩

图 176　太极岩

寺即坐落于此处。其入口处两侧，各有一山拔地而起，一座似狮，一座如象。太极岩石碧雄踞中央，跨径40余米，状如太极图，为典型丹霞地貌，被地质专家誉为"江西丹霞第一穿洞"。太极岩四周18座山峰环绕，各具形态，形成18罗汉拜观音、铁牛推磨等神奇景观。清同治《宜黄县志》载石碧十二景，分别为象山峰、狮子峰、罗汉峰、贵人峰、毕竟桥、揖云桥、石钟山、石鼓山、磨盘石、滴油岩、潺湲亭、太极岩（图175～177）。

因马祖设道场，太极岩为历代佛教圣地，同时其奇特景观也历来为文人墨客所称颂。北宋朝奉大夫、户部侍郎邹极，在其《重修石碧义泉禅院记》中，称太极岩石碧景观"徐望诸峰，宛落画图。映以乔林秀水，带以苍烟白霭，而碧兀起数十仞，正据其中。即其旁瞰之，如巨桥横空，瑰怪可骇。其上三叠，善缘者能出其罅，使人不敢仰视。循径而造其下，则岩之东壁可依以居，夏凉冬温，真仙圣窟宅"。

宋晋陵人、吏部侍郎孙觌有诗《石碧》：

何人手执造化关，投此虹霓跨两间。
乌鹊填成天上路，鬼神鞭出海中山。
飘飘尻驾凌空举，侧身下瞰千峰雨。
河汉汹汹声西流，风霆相缠齐万弩。
始信通天有一门，便欲晞发扶桑根。
乘槎忽遇支机石，拄杖直到洗头盆。
赏俊夸雄两奇绝，邂逅一观如电掣。
冥冥沧海会扬尘，大字摩崖书岁月。

明代著名旅行家徐霞客在其游记中记述，石碧"东西横跨，若飞梁天半，较贵溪之仙桥，高与大俱倍之"。

清嘉庆年间榜眼、侍读学士谢阶树在《宜黄竹枝歌》中赞到：

图 177　太极岩

石碧高高两字镌，绝陉春发豆苗鲜。

猿连百臂终难到，多恐飞来石壁佃。

清代宜黄人曾鸣谦在其诗《晚同诸君舣石碧下》中赞石碧：

石壁横空一幛开，坐邀峰翠落霞杯。

断崖斜日留青霭，古树凉阴老碧苔。

风带钟声穿洞去，云随人影度岩来。

元猿白鹤情牵引，疑是桃源不忍回。

清宜黄人黄士光有诗《春日游抵石碧寺》：

> 黄鹂鸣树上，三月春雨晴。出郊二十里，辛勤见偶耕。
> 和风酿花气，畅我吟眺情。探奇忘远涉，香刹恣游行。
> 石泉沸绿茗，素食饱青精。松篁夹幽径，复道驾长鲸。
> 徒倚兹石下，清飚雨腋生。云山多薜荔，客意忘簪缨。
> 夕阳度归鸟，湛寂道心明。去去不忍别，峰回闻磬声。

清代宜黄人邹钟峄有诗《登石砱》：

乱山围不住，天半度飞桥。偶作游仙梦，凭虚上玉霄。

秋崖烟霭合，阴洞鬼神朝。好事希前迹，吹笙待子乔。

曹山

曹山位于宜黄凤冈镇陈坊村后，是曹水发源地，原名荷玉山，曹洞宗祖庭曹山宝积寺坐落于此。所载，曹洞宗二祖本寂禅师因礼

图 178　曹山

曹溪六祖，将其改名为曹山。曹山寺建在虎形山下，寺周竹茂林密，群山环抱，溪谷邃深，清泉长流；寺旁芭蕉滴翠，银杏吐绿，风景秀丽，幽雅恬静。佛都名山曹山历来被文人墨客赞誉吟咏（图178）。

宋代晋陵人、吏部侍郎孙觌有诗《曹山》二首：

（一）

石栈梯空一线横，路穷台殿两峥嵘。

日光淡淡鸟飞没，云气漠漠龙随行。

道人西归余只履，结茅宴坐千岩底。

草根沥沥暗泉鸣，树外腾腾青嶂起。

翠竹掩冉苍云屯，老藤蔽日白昼昏。

天低尺五雷雨上，身强丈六祖佛尊。

垂老凄凄厌行旅，逢人欲问前生语。

不见高僧锡杖飞，山下空留千斛乳。

（二）

翠拥山归座，珠跳水溅裾。香消尘漠漠，日净竹疏疏。

身老百罹后，春残一梦余。故林千嶂外，孤抱几时摅。

柳弱千丝飓，河横一带围。腰肢春作瘦，鳞甲雨生肥。

逐伴鱼儿出，争巢燕子飞。匆匆班草地，不觉卧斜晖。

宋宜黄人邓芑有诗曰：

宝积重来异昔年，修廊千步辟山边。

南分灵派渠行玉，北敞高台花雨天。

日照青林犹带润，云收翠崦尚藏烟。

庞眉老子升猊坐，不惜家风示众贤。

清嘉庆榜眼、侍读学士、宜黄人谢阶树在《宜黄竹枝歌》中有：

曹山传得洞山衣，要识千丝共一机。

贝叶香留荷玉观，善男今日尚皈依。

鱼牙嶂

位于宜黄东南部神岗乡，属雪山山脉，主峰海拔 1467.9 米。因山峰如鱼牙齿状排列，以此而得名。周围山峦连绵，森林茂密，共有 300 多平方千米的天然阔叶林，蕴藏着丰富的动植物资源，有国家一级、二级重点保护野生动物 30 余种，省级保护动物 57 种。现为省级华南虎保护区（图 179、180）。

图 179　鱼牙嶂

图 180　鱼牙嶂

明代宜黄人黎近题诗鱼牙嶂:

凌凌石骨象鱼牙，每挂银钩月影斜

想是天雷未烧尾，故教瘦齿露烟霞。

卓望山

位于宜黄县县城南部山脉，主峰海拔 282 米，山下宜水、黄水自百花洲交汇形成宜黄河。昔日峰顶有庙宇，千峰竞秀，万木葱郁，钟灵毓秀，在此处山、水、城交相辉映，"卓岭朝曦"自古即为宜黄十景之一。现辟为卓望山森林公园，是宜黄人重要的文化休闲娱乐场所（图 181 ~ 183）。

明代宜黄籍官员黄元有《卓望山》诗赞曰:

图 181　卓望山
图 182　卓望山

图 183· 卓望山

万里奇峰逼斗牛，何年仙迹寄浮邱。

金银楼阁中天起，龙虎丹光夜半浮。

览胜不须登华泰，寻真即此是瀛洲。

凭高一顾群山小，唯见苍旻在上头。

清嘉庆年间榜眼、侍读学士谢阶树在《宜黄竹枝歌》中以诗赞卓望山：

卓望峰高插翠旻，朝看日出大如轮。

山中夜听天鸡叫，一缕霞烟锦样新。

清人吴鏞有诗《卓望峰》：

我屋尽环山，兹山特耸鬠；

偶然一登眺，岚翠不胜攀；

高捧沉鸟起，前招放鹤还；

柴门向山路，知否有人关。

狮子山

位于宜水与黄水汇合下游 100 余米处，高约 100 米，东西长约 400 米。因其头高尾低，酷似一只大雄狮张口卧伏河畔，因称狮子口，又名狮子山。宜黄河水从南面向狮子山而来，环山脚急湾折向东流，"狮石回澜"自古即为宜黄十景之一（图 184）。

清嘉庆年间榜眼、侍读学士谢阶树在《宜黄竹枝歌》中说："城之东北二里许，有山，名狮石。其下为潭，盖吾乡奇胜也。面目口皆具，望之若蹲踞摄物之状。有路自狮口出，呀大而开。山顶皆童，无狐狸獐兔之属。"并诗赞到："长房鞭石竞成狮，敬则当年不敢骑。欲养神威留搏象，山中何必问狐狸。"

清代宜黄人黄锡祓曾作《狮子石歌》：

图 184　狮子山

初平叱石成群羊，须臾羊复化为石。

仙人幻戏一瞬间，羊耶石耶两相陈迹。

江头狮子来何年？万古屹立凌风烟。

虎豹股慄不敢过，疑有髯髵猎猎流馋涎。

混沌之初但一气，忽然荡成山川。

流者峙者各奠位，乃复一一施雕镌。

我闻汉时舒勒始入贡，怪状不靓周秦前。

何人肖貌凿兹石？自非神工鬼斧无由缘。

乃知造物之奇何不有，白衣变化忽苍狗。

夜静风号洞壑喧，似听华严一声吼。

凤凰山

位于宜黄县城西曹水河畔。黑岩石山，平地突起，呈圆形，海拔175米。原名鸡笼山，因形若鸡笼而得名。元代以凤凰之美意而名凤凰山。原山顶建有神庙，四壁多有游人题咏。山顶南侧有一天池，池水浅而终年不干。山腰平地为原凤冈书院旧址。山南脚下，有一石拱，凹进石内，左踩为钟声，右踩为鼓声，称钟鼓石，勒有"名山石室"四字。登山眺望，山环水绕，景色宜人，"凤冈耸汉"为宜黄古十景之一（图185～187）。

图185　远眺凤凰山

图 186　凤凰山石刻
图 187　凤凰山石刻

元代诗人吴当有诗一首《凤冈隐居》：

> 凤凰千仞冈，中有隐者庐。流水绕屋下，青山当座隅。
> 邻曲不在多，聊可共耕锄。种菊秋露重，蓺花春雨余。
> 松下挥鸣弦，凉风满庭除。振衣红尘表，濯缨清水渠。
> 虚名果何益，此乐将焉如？伊人幸同姓，行矣巾吾车。

明代抗倭名将、兵部尚书谭纶有《凤凰山》诗：

> 寻春此日惬豪游，缓步登高绝岭头。
> 山自北来蟠万迭，水从东汇曲双流。
> 清风绕座飘衣冷，好景当怀一览收。
> 寄语花神休睡去，野人踪迹尚能留。

明代蔡秉经有《凤山》诗：

> 道路逢佳节，风光忆旧游。青天孤鹤泪，落日大江流。
> 形胜吟难尽，登临老未休。偷生如有术，吾亦问浮邱。

清嘉庆年间榜眼、侍读学士谢阶树在《宜黄竹枝歌》中说："凤凰山在县城北，旧名鸡笼山，亭亭独立兀羼，雄尊于近城诸山中，昂昂然如野鹤立在鸡群矣！"并诗赞："凤冈高耸北城暗，识得庐山面目真。唤作鸡笼无不可，中宵原有听鸡人。"

清代宜黄人黄慎行作《登凤凰山》：

> 梵宇凌空构，登临兴自殊。岭高人语静，天阔磬声孤。
> 烟日低楼榭，江云出画图。茱萸新酒熟，词客好招呼。

玉泉山

王泉山脉位于二都镇东部，是典型的丹霞地貌，山势陡峭奇特，南侧为垂直崖壁，"横看成岭侧成峰"，宜水河自山前流过，河两侧

图 188　玉泉山麓
图 189　玉泉山下帘前村

图 190 玉泉山下帘前村

为狭长平川，奇山、田园、河流、村落、绿野，构成绝美的江南图景。玉泉山麓人文景观汇聚，是宜黄文化名山。西侧山脚下为美丽帘前村，东侧为依山而建的明代抗倭名将、兵部尚书谭纶墓葬。古玉泉寺即位于西侧半山腰崖壁间。自玉泉山西侧的一条古山路拾级而上，北行山路数里，即可达千年古村落涂家寨（图188～191）。

　　明代旅行家徐霞客曾在其游记中记述玉泉山及玉泉古寺："五里，由小路抵玉泉山下，遂历径直登。其同甚峻，屏立溪之西北，上半俱穿崖削壁，僧守原叠级凿崖，架庐峰侧一悬峰上。三面凭空，后复离大山石崖者丈许，下隔深崖峡。……"

图 191　古玉泉寺遗址

宜黄名篇

歌之颂之传之

为《宜黄名篇》序

宜、黄二水，汇流而来，蜿蜒而去，故民临水而居，县以水而名，自吴太平立，而今千七百又六十年矣。宜地接夷雺之端，据临汝之源，山雄水碧，峰奇林秀，田肥而稻美，河清而渔丰；宜人仰山敬水，善耕乐读，崇儒而重教，尊禅而法道，耘守天地物华以养，纳新八方百业以强。人杰星涌，农商并举，文兴俗良，以至于今。

自古文人贤士，迁客骚人，慕而往之。仰军峰之巍峻，览丹霞之奇貌；瞻马祖之仙迹，拜曹洞之宗风；察棠阴之繁盛，闻宜曲之佳韵。皆不吝笔墨，吟咏赞誉，诗词华章不胜举。

今经众议，文绝伦者三，一曰曾子固之《宜黄县学记》，千古学教之名文；一曰汤义仍之《宜黄县戏神清源师庙记》，戏学旷世先河之佳作；一曰徐振之之《游石碧记》，地理山水美学之宏章。辑之为《宜黄名篇》，实藉先贤之神笔，光照宜黄之大美。

是日，宜之今贤齐聚，理疏校译，以善后辈，歌之颂之传之，以至不绝。

是为序。

常铖　2017 年夏于宜黄

宜黄县学记

（宋）曾巩

古之人，自家至于天子之国，皆有学，自幼至于长，未尝去于学之中。学有《诗》《书》六艺、弦歌洗爵[1]、俯仰之容、升降之节，以习其心体、耳目、手足之举措；又有祭祀、乡射[2]、养老之礼，以习其恭让；进材、论狱[3]、出兵、授捷之法，以习其从事。师友以解其惑，劝惩以勉其进，戒其不率，其所为具如此。而其大要，则务使人人学其性，不独防其邪僻放肆也。虽有刚柔缓急之异，皆可以进之中，而无过不及。使其识之明，气之充于其心，则用之于进退语默之际，而无不得其宜；临之以祸福死生之故，无足动其意者。为天下之士，为所以养其身之备如此，则又使知天地事物之变，古今治乱之理，至于损益废置、先后始终之要，无所不知。其在堂户之上，而四海九州之业、万世之策皆得，及出而履天下之任，列百官之中，则随所施为，无不可者。何则？其素所学问然也。

盖凡人之起居、饮食、动作之小事，至于修身为国家天下之大体，皆自学出，而无斯须去于教也。其动于视听四支者，必使其洽于内；其谨于初者，必使其要于终。驯之以自然，而待之以积久。噫！何其至也。故其俗之成，则刑罚措[4]；其材之成，则三公百官得其士；其为法之永，则中材可以守[5]；其入人之深，则虽更衰世而不乱。为教之极至此，鼓舞天下，而人不知其从之，岂用力也哉！

及三代衰，圣人之制作尽坏，千余年之间，学有存者，亦非古法。人之体性之举动，唯其所自肆，而临政

[1]六艺：六种技艺或本领，指礼、乐、射、御、书、数。弦歌洗爵：弦歌，指礼乐教化、学习诵读；也指依琴瑟而咏歌；洗爵：周时礼制，主人敬酒，取几上之杯先洗一下，再斟酒献客，客人回敬主人，也是如此操作。爵，古酒器，青铜制；弦歌洗爵，指学习礼乐教化。

[2]乡射：古代射箭饮酒的礼仪。

[3]进材：推荐有才之士。论狱：讨论诉讼之事。

[4]措：通"置"，放置，废弃。

[5]永：久远。中材：具备中等才能的人。守：坚持。

治人之方，固不素讲。士有聪明朴茂之质，而无教养之渐[6]，则其材之不成固然。盖以不学未成之材，而为天下之吏，又承衰弊之后，而治不教之民。呜呼！仁政之所以不行，贼盗刑罚之所以积，其不以此也欤！

宋兴几百年矣。庆历三年，天子图当世之务，而以学为先，于是天下之学乃得立。而方此之时，抚州之宜黄犹不能有学。士之学者皆相率而寓于州，以群聚讲习。其明年，天下之学复废，士亦皆散去。而春秋释奠[7]之事以著于令，则常以庙祀孔氏，庙不复理。皇祐元年[8]，会令李君详至，始议立学。而县之士某某与其徒皆自以谓得发愤于此，莫不相励而趋为之。故其材不赋而羡[9]，匠不发而多。其成也，积屋之区若干，而门序[10]正位，讲艺之堂、栖士之舍皆足。积器之数若干，而祀饮寝食之用皆具。其像孔氏而下，从祭之士皆备。其书经史百氏、翰林子墨之文章无外求者。其相基会作之本末，总为日若干而已，何其周且速也！

当四方学废之初，有司之议，固以谓学者人情之所不乐。及观此学之作，在其废学数年之后，唯其令之一唱[11]，而四境之内响应而图之，如恐不及。则夫言人之情不乐于学者，其果然也与？

宜黄之学者，固多良士。而李君之为令，威行爱立，讼清事举，其政又良也。夫及良令之时，而顺其慕学发愤之俗，作为宫室教肄之所，以至图书器用之须，莫不皆有，以养其良材之士。虽古之去今远矣，然圣人之典籍皆在，其言可考，其法可求，使其相与学而明之，礼乐节文之详，固有所不得为者。若夫正心修身，为国家天下之大务，则在其进之而已。使一人之行修移之于一家，一家之行修移之于乡邻族党，则一县之风俗成，人

[6] 朴：淳朴。茂：美好。质：材质，本质。渐（jiàn 尖）：浸润，这里有影响的意思。

[7] 释奠：古代学校的一种典礼，陈设酒食祭奠先圣先师。

[8] 皇祐元年：即 1049 年，宋仁宗赵祯年号。

[9] 赋：敛，这里有征集的意思。羡：余。

[10] 积：聚积。"积屋之区"，指修建众多房屋的地区。序：中堂两旁的厢房。栖：居住。

[11] 唱：同"倡"，提倡。

材出矣。教化之行，道德之归，非远人也，可不勉与！县之士来请曰："愿有记。"故记之。十二月某日也。

（摘自《宜黄县志》，1993 年）

作者简介

曾巩（1019 ~ 1083 年），字子固，抚州南丰人，北宋政治家、散文家，"唐宋八大家"之一，官至中书舍人。在学术思想和文学事业上贡献卓越。南宋理宗时追谥为"文定"，世称"南丰先生"。

宜黄自古重视教育，北宋皇祐元年（1049 年）始建县学。《宜黄县学记》是曾巩应宜黄学子之请而撰写的学记，是一篇内容丰富的教育学专论。主要是通过颂扬古代教育制度，论述古代设立学校的作用及后代废学的后果，说明了立学的重要性，从中阐发了其在教育问题上的观点和主张。

译文

古时候，从家族到天子的国家，都有学习的场所，从幼小到长大，都从来没有离开过学习。学习的内容，有《诗经》《尚书》和礼、乐、射、御、书、数，有音乐和敬客的礼节，举止动作的仪容，进退的规矩，用以训练心体耳目手足的言行举动；又有祭祀、乡射、养老的礼仪，用来训练恭敬谦让的品格；通过举荐人才、讨论狱讼、发兵出征、胜利奏凯的方法，以练习办事能力；师友回答疑问，有奖励有处罚，以勉励进步，禁止不遵循教诲，学校之所以有这些措施，原因就是这样的。而它最主要的目的，就在务必使每个人通过学习来恢复他们的善良本性，而不单单是为了防止他们的行为放荡，不守规矩。人的性格虽然有刚烈、柔顺、慢性、急性的不同，但都可以使他们走上正道，而不会有过分或不足之处；使他们善于识别，使浩然之气充满他们的心，那么，用之于进与退，说话与沉默，都莫不恰当，遇上祸福死生的事，也不能动摇他们的意志。作为国家的人才，应当进行这样全面的培养；同时还要使他们懂得天地事物的变化，古今治与乱的原因，至于应当削减或者增添什么、停止或者兴办什么，以及事情的主次先后的要点，都一一清楚。他们虽在学校的堂户之内，而海内外的功业、长治久安的策略都掌握了。待到他们出仕肩负治国大任，身居朝廷百官之中，做任何事都能做好。为什么呢？全是因为他们平日学习的结果。

　　大凡人的起居、饮食、动作这一类的小事，直至修身养性、管理国家的本领，都从学习中得来，而且片刻也离不开学习。那些耳目和四肢要做的事情，一定要让它和内心协调一致；在开始就谨慎对待的地方，必然要把它贯彻到底。根据习性使他们循序渐进，用日积月累的良好习惯促使他们成功。哎呀，这是多么周到啊！所以良好的风气形成之后，刑法就搁置不用了；那样的人才培养成功，三公、百官就有了可用的文人；把它作为法式坚持不懈，中等资质的人就可以做到安分守己；它深入人心，即使经历衰败的年代，人们也不会动乱。教育的极限达到这样的地步，鼓舞天下人，但人们却意识不到自己在跟着它走，哪里还用得上动用强制的手段呢？

　　等到夏商周三代衰落之后，圣人创设的教育制度全部被破坏。一千多年之间，虽然教育有存留的，但也不是古代的方法了。人们的本性举止，只管随心所欲。当官治理民众的方法，本来就一向没有研讨练习。读书人具备聪明厚道的资质，如果没有受到教育的熏陶，那么他们就不能成才，确实如此。用那些尚未成就的人才去做天下的官吏，又处在世道衰微凋敝之后！去治理没有受过教化的百姓。哎呀！仁政得不到推行，贼寇强盗案件日积月累，难道不是因为这些原因吗？

宋朝建立几百年了。庆历三年，天子考虑当世的事情，把振兴教育当作首要事务，因此天下各地的学校才得以设立。但这个时候，抚州的宜黄县仍然没有学校。那些读书的学子们都一起寄居在州府的学校里，聚集在一起，讲论演习。第二年，天下各地的学校再次废止，学子们也就离散而去。但是春秋两季祭祀先圣先师的典礼，已有明文规定，所以常借孔庙祭孔子，然而庙又无人管理。皇祐元年，适逢县令李详到任，才商量设立学校，而县中读书人某某和他的追随者（门徒），都以为在这件事情上要发奋努力，没有人不互相勉励，争着去做兴办学校这件事。所以所需建材不摊派还有剩余，工匠不征调却有超额。县学落成时，房屋连片的地方若干，而修得很正规的讲艺课堂，学员休息的屋子都很齐备，成套的器皿器具若干，而供祭祀、饮食、寝室用的东西一一具备。县学中的画像，从孔子到十哲、七十二贤、二十一先儒个个都有。县学中的图书，经史百家、诗赋作家的文章，一应俱全，无须到校外去借。县学选择地址，召集工匠，从开工到完工，总共历时若干而已。何其周到而快啊！

当各地学校刚刚废弃，官员在讨论兴办学校的时候，都认为读书人从内心是不想学习。等到看见这所学校的创办，是在弃学多年之后，只是县令一个倡议，全县百姓就立即响应，而且付诸实施都像是唯恐来不及。那么那些说人们不想学习的话，难道真的是这样吗？

宜黄县的读书人，本来有很多优秀的；而李君任县令，办事有威信又仁爱，狱案清明，事情完满，为政又很好。遇上贤明的县令，能顺应慕学发愤读书的民风，建造校舍教学，图书、用具等等需要之物，应有尽有，用以培养当地优秀的人才。虽然古代离今天很遥远，但圣人的典籍尚存，他们的言论可以查考，他们的办法也可以寻求，让学子共同学习而了解它们。礼乐礼节仪文的种种规定，其中确有不能实行的，但端正思想，提高品德修养，去管理国家大事，关键就在自己的努力前进。一个人的行为美好，会影响到一个家庭，一个家庭的行为美好，会影响到整个乡里，那么一个县的好风气形成了，人才就涌现出来了。教化的实现，道德的同归，不是和人们相距遥远的啊，应当努力啊！宜黄县的学子来请求说："希望有一篇记。"我于是就记写下这篇记。

宜黄县戏神清源师庙记

（明）汤显祖

人生而有情。思欢怒愁，感于幽微，流乎啸歌，形诸动摇。或一往而尽，或积日而不能自休。

盖自凤凰鸟兽，以至巴渝夷鬼，无不能舞能歌，以灵机自相转活，而况吾人。奇哉清源师[12]，演古先神圣八能千唱之节[13]，而为此道。初止爨弄参鹘，后稍为末泥三姑旦等杂剧传奇[14]。长者折至半百，短者折才四耳。生天生地生鬼生神，极人物之万途，攒古今之千变。一勾栏之上，几色目之中，无不纡徐焕眩，顿挫徘徊。

恍然如见千秋之人，发梦中之事。使天下之人无故而喜，无故而悲。或语或嘿，或鼓或疲，或端冕而听，或侧弁而咍，或窥观而笑，或市涌而排。乃至贵倨弛傲，贫啬争施。瞽者欲玩，聋者欲听，哑者欲叹，跛者欲起。无情者可使有情，无声者可使有声。寂可使喧，喧可使寂，饥可使饱，醉可使醒，行可以留，卧可以兴。鄙者欲艳，顽者欲灵。可以合君臣之节，可以浃父子之恩，可以增长幼之睦，可以动夫妇之欢。可以发宾友之仪，可以释怨毒之结，可以已愁愦之疾，可以浑庸鄙之好。然则斯道也，孝子以事其亲，敬长而娱死，仁人以此奉其尊，享帝而事鬼。老者以此终，少者以此长。外户可以不闭，嗜欲可以少营。人有此声，家有此道，疫疠不作，天下和平。岂非以人情之大窦，为名教之至乐也哉。

予闻清源，西川灌口神也[15]。为人美好，以游戏而得道，流此教于人间。讫无祠者。子弟开呵时一醪之，唱罗哩连而已。予每为恨。诸生诵法孔子，所在有祠；佛老氏弟子，各有其祠。清源师号为得道，弟子盈天下，不减

[12] 清源师，宋真宗朝封二郎神为清源妙道真君。宜黄子弟所供戏神为清源师，清源师庙兴建之前，宜黄子弟也要祭祀清源师，但仪式较为简单，酷爱戏曲的汤显祖对当时这种简单的祭祀方式很不满意，极力支持宜黄子弟兴建戏神庙。宜黄班艺人每年农历六月二十日都要祭拜清源师，这种习俗一直延续到20世纪50年代初期。

[13] 所谓"八能"，《易·纬通卦验》有个记载："八能之士，或调黄钟，或调六律，或调五言，或调五声，或调王行，或调律历，或调阴阳，或调五德。"这里是指清源师把自古以宫廷、庙宇、民间的各种歌舞百戏进行综合加工，"演"为戏曲。

[14] "爨（cuàn）弄参（cān）鹘（hú）"，即搬演参军戏。参军戏始于唐代，是由参军和苍鹘两个角色表演的滑稽戏。"末泥"是宋杂剧、金院本和元杂剧中的男主角（元杂剧中亦称为末或正末）。宋杂剧、金院本是在参军戏的基础上发展起来的。"三姑旦"，当是"酸孤旦"之音转。酸、孤、旦是宋杂扮中的三个行当，酸扮演喜剧人物，孤扮演老年人，旦扮演妇女。宋杂扮是杂剧演出之后加演的散段，所演为带逗笑的余兴节目。

[15] 西川灌（guàn）口神，据古代民间传说是秦昭王时蜀郡太守李冰的第二个儿子。在北宋时，灌口二郎神已和"杂剧"结下了不解之缘。宋真宗朝封二郎神为清源妙道真君。宜黄子弟所供戏神为清源师，即清源妙道真君、灌口二郎神，亦即李冰次子。汤显祖在《遣张仙画乃作灌口像》一诗中说得很清楚。

二氏，而无祠者，岂非非乐之徒，以其道为戏相诟病耶。

此道有南北。南则昆山之次为海盐，吴浙音也，其体局静好，以拍为之节。江以西弋阳，其节以鼓，其调喧。至嘉靖而弋阳之调绝，变为乐平，为徽青阳。我宜黄谭大司马纶闻而恶之。自喜得治兵于浙，以浙人归教其乡子弟，能为海盐声。大司马死二十余年矣，食其技者殆千余人。聚而谂于予曰："吾属以此养老长幼长世，而清源祖师无祠，不可。"予问："倘以大司马从祀乎？"曰："不敢。止以田、窦二将军配食[16]也。"予颔之，而进诸弟子语之曰："汝知所以为清源祖师之道乎？一汝神，端而虚。择良师妙侣，博解其词而通领其意。动则观天地人鬼世器之变，静则思之。绝父母骨肉之累，忘寝与食。少者守精魂以修容，长者食恬淡以修声。为旦者常自作女想，为男者常欲如其人。其秦之也，抗之入青云，抑之如绝丝，圆好如珠环，不竭如清泉。微妙之极，乃至有闻而无声，目击而道存。使舞蹈者不知情之所自来，赏叹者不知神之所自止。若观幻人者之欲杀偃师，而奏《咸池》者之无怠[17]也。若然者，乃可为清源师之弟子，进于道矣。诸生旦其勉之，无令大司马长叹于夜台，曰，奈何我死而此道绝也。"乃为序之以记。

（摘自徐朔方笺校《汤显祖全集》，北京古籍出版社，1999 年）

作者简介

汤显祖（1550～1616 年），中国古代伟大的浪漫主义戏曲家、文学家，被誉为东方的"莎士比亚"，字义仍，号海若、若士、清远道人。祖籍临川区云山乡。其戏剧作品《牡丹亭》《紫钗记》《南柯记》和《邯郸记》

[16] 配食，袝祭、袝祀。配食是让亡灵在同一祠庙里共享子孙的祭品。

[17] "观幻人者欲杀偃师"出自《列子·汤问》：周穆王时巧匠偃师进一木偶歌舞于王前，王以为木偶是真人，木偶目挑王之左右侍妾，王欲杀偃师。当王知是木偶时，赞叹偃师巧夺天工。《庙记》借用巧夺天工这一典故，说明戏曲表演可以真实地表现人物和生活，甚至可以巧夺天工，以假代真。"奏《咸池》者之无怠"这一典故，出自《庄子·天运》：《咸池》又叫《大咸》是周代"六舞"之一。《咸池》有三个乐段。第三乐段为"无怠之声"，黄帝称之为"天乐"其特点为"听之不闻声，视之不见其形，充满天地，苞裹六极"。这种"天乐"所表现的也是老庄所谓的"道"。"天乐"与前述之"至乐"，意思差不多，都是用来说明戏曲艺术的崇高美妙。

合称"临川四梦",又称"玉茗堂四梦",其中《牡丹亭》
为其代表作。

　　宜黄戏曲文化从发源、发展,经历了从弋阳腔(高
腔)、海盐腔到宜黄腔(二黄腔)的演变,形成宜黄戏,
至今已有四百余年的历史,为首批国家非物质文化遗产。
《宜黄县戏神清源师庙记》是汤显祖应宜黄艺人之请,
为他们兴修清源师庙而撰写的庙记,论述了戏曲起源、
历史、流传、特征、艺术创作与鉴赏等戏曲学理论,是
我国戏曲学开先河之作。

译文

　　人天生就有情感。思念、欢喜、愤怒、忧愁,感触
于(生活中)细微的事情,用歌乐流露,用舞蹈表现。
有时表达得淋漓尽致,有时整日郁积,久久不能停止。

　　大凡从凤凰、鸟、兽到川渝边境的鬼神,没有不会
舞蹈歌唱的,凭借各自灵动的表演,而显得活灵活现,更
何况我们人类自己呢?奇妙啊,清源师!在古代歌舞百戏
的基础上创造了戏曲。起初止于参军和苍鹘两个角色,后
来稍稍地增加了宋杂剧的末泥和酸、孤、旦等角色表演的
北杂剧和南戏。长的有五十折,短的才四折。戏剧表现出
来的天地鬼神,演尽了人物的种种命运,聚集古今世事的
千般变化。小小舞台上,几个演员行当的表演,唱腔无不
曲折徐缓,耀人眼目;曲调顿挫有致,婉转幽雅。

　　恍惚之间仿佛看见千秋古人,演绎梦中的事情。戏
曲使天下之人无缘无故高兴,无缘无故悲伤。(看戏时)
有的人点评,有的人说笑;有的人振奋,有的人疲倦;
有的人扶正帽子端坐而听,有的人歪着帽子欢笑;有的
人偷偷观看发出嬉笑声,有时像集市般喧嚣热闹。戏曲

可以让富贵傲慢之人放下尊严，贫穷吝啬的人争着施舍；瞎子想看，聋子想听；哑巴想发感叹，瘸子想奔跑；无情之人可让他变得有感情，沉默者可以让他发声；寂静可变得喧闹，喧闹时又可变得安静；饥饿者可让他觉得饱，酒醉者可让他醒来；出行的人可让他留下来，想睡觉的人可让他变得兴奋；粗鄙之人想要变得艳丽多彩；冥顽的人想要变得灵巧机变。戏曲可以让君王臣子更遵守君臣的礼节，可以融洽父子的情感，可以增进长幼之间的和睦，可以挑动夫妇的欢情，可以启发朋友之间的礼仪，可以消解结下的怨恨，可以治愈让人发愁的疾病，可以改变平庸鄙俗之人的喜好。既然这样，那么这个戏曲啊，孝子用它来侍奉双亲，尊敬长辈让他们快乐到老；仁义之人用它供奉神祇，祭祀鬼神；老者凭着它终老，年少的人凭着它长大；门户可以不闭，沉溺于享受的人可以少钻营；人人喜欢音律，家家有戏曲，传染流行的疾病不容易发作，天下定能太平。这戏曲难道不是人情感中珍贵的财宝、礼教中最大的快乐吗？

我听说清源神，是西川灌口的二郎神，他为人善良美好，凭借歌舞百戏创造了戏曲，并流传在人间，至今却无祠庙。戏曲子弟每次开演之前，仅仅敬杯酒祭拜它，再合唱一曲《罗哩连》罢了。我常常以此感到遗憾。儒家弟子诵唱孔子，有孔子祠庙；佛家、道家各有祠庙。清源祖师创造了戏曲，弟子满天下，不比儒家佛家两家少，却没有祠庙，这难道不是对戏曲非难指责之徒，长期以来鄙视戏曲造成的吗？

戏曲之道有南戏和北戏（两大宗派）。南戏流传到江苏昆山为吴音，之后流传到浙江海盐县为浙音，演唱风格婉转幽雅，用拍板打节奏。江西省弋阳县的弋阳腔，用锣鼓伴奏，声调喧闹，到明嘉靖年间，弋阳腔消亡了。但流传到江西乐平，成为乐平腔，流传到安徽省徽州府及池州府青阳县，演变为徽州腔和青阳腔。宜黄谭大司马（即谭纶）听了这些高腔，很不喜欢。他喜欢在浙江带兵之地的海盐腔，就从浙江请来艺人教习宜黄家乡子弟，（让他们）能唱海盐腔。大司马已死二十多年了，靠戏曲技艺为生的人大概有一千多人。（他们）聚集在一起告诉我说："我们这些人，几辈子凭借戏曲赡养老人，扶养子孙后人，然而清源祖师却没有祠庙，不应该呀。"我问："假如跟随大司马一起祭祀，行吗？"他们说："不敢，（清源祖师）的祭祀只用田窦二将军作为祔祭。"我点头同意，进而又告诉宜黄弟子们说："你们知道清源祖师戏曲之道的方法吗？那就是排除杂念，集中精神，心系戏曲，学艺修艺；选择良师益友，全面理解台词的含意和整个剧作的意境；动时观察天地鬼神、世间万物的变化，静时思考这些人物的表现形式（表演才能真实感人，栩栩如生）；抛开家人的拖累，忘记睡觉与吃饭；年纪轻的守着精魂调养体态，年纪大的饮食清淡调养好声音；扮演旦角的要常常把自己当成女子想，扮演男生要常常把自己当成扮演的那个人；弹奏的音乐，高亢时能入青云，低抑时好像游丝，圆润时如珍珠玉环，连贯流利不竭如清泉。微妙到极点时，有声好像无声，观赏者看得出神；让唱戏的人不知情感从哪儿来，看戏的人不知灵魂到哪儿停止；看见木偶就想杀了偃师，演奏《咸池》可以达到最高境界，像这样的人，才可以成为清源祖师的弟子，才达到戏曲之道的境界了。各位学子每天要勉励自己，不要让大司马在阴间长叹着说：'怎么我死了，戏曲的境界就消亡了呢？'"于是写下这序言来记载此事。

游石碧记[18]

（明）徐霞客

二十一日晨餐后，亟登碧。是峰东西横跨，若飞梁天半，较贵溪[19]之仙桥，高与大俱倍之，而从此西眺，只得其端。从寺北转入峡中，是为万人缘[20]。谭襄敏[21]初得此寺，欲废为墓，感奇梦而止。今谭墓在玉泉山东北，宅基诸坊一时俱倒，后嗣亦不振。寺始为僧赎而兴复焉。僧以其地胜，故以为万人巨冢，甃[22]石甚壮。地在寺北，左则崖，右则寺也。由万人缘南向而登，仰见竹影浮飏，一峰中穿高迥。透石入，南瞰乱峰兀突，溪声山色，另作光响，非复人世。于是出桥南，还眺飞梁之上，石痕横叠，有缀庐嵌室，无路可登。徘徊久之，一山鹤冲飞而去，响传疏竹间，令人不能去。盖是桥之南，其内石原裂两层，自下而上，不离不合，隙俱尺许。由隙攀跻而上，可达其上层，而隙夹逼仄，转身不能伸曲，手足无可攀蹑，且以足痛未痊，怅怅还寺。问道寺僧，僧云："从桥内裂隙而登蹑甚难。必去衣脱履，止可及其上层，而从上垂绠[23]，始可引入中层。"僧言如此，余实不能从也，乃于石碧饭而行。

五里，由小路抵玉泉山下，遂历径[24]直登。其同甚峻，屏立溪之西北，上半俱穿崖削壁，僧守原叠级凿崖，架庐峰侧一悬峰上。三面凭空，后复离大山石崖者丈许，下隔深崖峡。时庐新构，三面俱半壁，而寂不见人。余方赏其虚圆无碍，凭半壁而看后崖。久之，一人运土至，询之，曰："僧以后壁未全，将甃而塞之也。"问僧何在，曰："业从山下跻级登矣！"因坐候其至，为之画[25]曰："汝虑北风吹神像，何不以木为龛坐，护置室中，而空

[18]《游石碧记》为徐霞客考察宜黄太极岩石碧寺、玉泉山和县城后所记。节选自《徐霞客游记》，题目为编者所加。

[19]贵溪：今江西省贵溪市。

[20]万人缘：为太极岩山谷下地名。

[21]谭襄敏：即谭纶，字子理，号二华，明代抗倭名将，死后谥号为"襄敏"，故而后人多尊称他为谭襄敏公。

[22]甃（zhòu）：垒、砌。

[23]绠（gěng）：井绳。

[24]径：小路。

[25]画：即"划"，谋划、策划之意。

其后壁，正可透引山色。造物悬设此峰，与尔之缩架此层，皆此意也。必甃而塞之，失此初心矣。"僧颔之，引余观所谓玉泉者。有停泓一穴，在庐侧石灶之畔，云三仙卓锡而出者，而不知仙之不杖锡也。下玉泉三里，出襄敏墓前。又随溪一里，由小路从山北行，盖绕出玉泉山之东北也。最北又有马头山，突兀独甚，在路左。过白沙岭，望西峰尖亘特甚，折而东之，是为北华山。山顶佛宇被灾，有僧募饭至，索而食之。下山二里，入南门，北登凤凰山。其山兀立城之东北，城即因之，北而峭削，不烦雉堞[26]也。下山，出北水关，抵逆旅已昏黑矣。

（摘自《宜黄县志》，1993 年）

作者简介

徐霞客（1587 ~ 1641 年），名弘祖，字振之，号霞客，江苏江阴人。明代末期地理学家、探险家、旅行家和文学家。其代表作《徐霞客游记》，开辟了系统观察自然、描述自然的新方向；既是系统考察祖国地貌地质的地理名著，又是描绘华夏风景资源的旅游巨篇。

译文

二十一日早餐后，赶忙攀登石碞寺。石碞寺所在的山峰横跨东西，如同半空中飞架着的桥梁，与贵溪县的仙桥相比，高和大都有它的两倍，而从寺中向西眺望，只能看见它的一端，从寺北面转进山峡中，为万人缘。谭襄敏当初来到此寺，想废弃寺庙作为墓地，因为有感于一个奇异的梦，才停止了这样做。如今谭襄敏的墓在玉泉山东北面，墓地基石及诸多牌坊都已倒塌，他的后

[26] 雉堞（zhì dié）：城墙之意。

代也不兴旺。寺这才被僧人赎回并加以修复。寺中僧人因为此地环境佳妙，就把它辟为一块万人大墓地，垒砌的石块十分壮观。墓地在寺北面，左边是山崖，右边就是寺。由万人缘向南攀登，仰头可以看见竹影摇曳，一座山峰中间通着大洞，矗立在很远的高处。从石洞中间穿进去，向南俯瞰，乱峰突兀。溪声和山色，显出另一种景象，仿佛不再是人世间。从这里走出石桥南面，回头眺望那飞架的石梁上面，石纹纵横交叠，上面缀嵌着房舍，没有路可以登上去。徘徊了许久，一只山鹤直往上疾飞而去，响声传遍稀疏的竹丛，让人舍不得离去。这座石桥的南边，内侧的石头原来是裂成两层的，从下层到上层之间，离得不远也没合在一起，中间的缝隙都有一尺左右。从缝隙中攀上去，可到达上层，然而缝隙狭窄，身体不能转动伸屈，手脚没有可以攀缘踩踏的地方，并且因为脚痛还没有痊愈，所以就怅然若失地回到了寺中。向寺中僧人打听路，僧人说："从桥内侧裂开的缝隙攀登很难。一定得脱掉衣服鞋子，只可以到达上层，然后从上层垂下绳索，才可以顺绳索滑入中层。"僧人如此说，我是实在不能如此做的，于是在石碧寺吃了饭就走了。

走了五里路，由小路抵达玉泉山下，便由小路拾级往上攀登。此山很峻峭，屏风般耸立在溪流西北边，它的上半部都是弯隆的高崖、陡直的石壁，僧人守原在崖壁间凿出一级级的石阶，架了间房舍在山顶侧面一个悬峻的山峰上。房舍三面凌空，后面又距离大山的石崖一丈左右，下面是高崖深峡。当时房舍刚刚建起，三面都才砌起一半墙壁，但静悄悄不见一人。我正欣赏房舍的这种三面虚空浑然无碍的状态，靠着半截墙壁观看屋后的石崖。许久后，有个人运土上来，我问他何故，他说：
"僧人因为后壁还缺着半截，打算将它砌满。"问他那
僧在何处，他回答说："已经从山下沿石台阶登上来了。"
于是坐着等候，他到来后，我为他谋划道："若担心北
风吹着神像，为什么不用木材制成佛龛底座，将神像放
置在当中，而空着房舍的后壁，正好可以让山中景色全
都映照进来。造物主悬空架设这座山峰和你控扼峰头构
筑此屋，用意就是这样。假使把它砌满而堵塞起来，就
不是原来的意愿了。"僧人点头表示赞同，又领我观看
所说的玉泉。有一潭不流动的深水，在房舍边的石灶旁
边，传说是因为有三个仙人用锡杖捅地涌出来的，却不
知仙人是不用锡杖的。下了玉泉山，走三里，出了谭襄
敏墓前。又顺溪走一里，由小路从玉泉山北面行，大约
已绕出了它的东北面。玉泉山的最北边又有座马头山，
突兀独耸，位于路左边。经过白沙岭，望见西面有座山
峰特别尖峭地横亘着，折往东面，这是北华山。山顶的
佛寺遭了灾，有僧人讨饭回来，我们索要了些吃的。下
了山二里，进入宜黄县南门，然后往北攀登凤凰山。这
山直立在城东北，城墙就是就着山势修筑的，因为北面
山势峻峭陡直，所以不再需要修筑矮城墙了。下了山，
走出北水关，回到旅店已经天黑了。

参考书目

1.《宜黄县志》（清同治十年）。

2.《宜黄县志》（1993年）。

3.《宜黄县志》（2008年）。

4.《宜黄佛教文化》（2008年）。

5. 罗建华主编：《抚州古建筑》，江西美术出版社，2011年。

6. 黄初晨：《岁月留痕——抚州一百古村落行摄记》，抚州市政协文史委员会，2012年。

7. 江西省文物考古研究所、西北大学文化遗产学院、抚州市文物博物管理所、宜黄县文物管理所、乐安县文物博物馆：《江西抚河流域先秦时期遗址考古调查报告Ⅰ》（乐安县·宜黄县），文物出版社，2016年。

后 记

来宜黄工作后，发现县里尚无一本全面介绍宜黄文化的图文读物，于是工作之余，笔者就开始收集、整理有关宜黄的历史文化资料，并到各处文化古迹进行走访考察，向县里的前辈、专家请教，查阅了三版《宜黄县志》及相关资料。经过一年多努力，形成书稿。

《文化宜黄》主要是对现在宜黄文化的有关资料、素材等进行较全面梳理，以笔者的理解感悟撰写文字，并配以图片，力求图文并茂、雅俗共赏。因此，其不是学术著作，有些资料素材是拿来主义，虽经反复甄别，尤其是对其中古文诗词，均以旧版同治十年《宜黄县志》所载做了对校，但还有些未及仔细考证。宜黄历史悠久，文化渊远宏博，绝非一书可载。但此书如能开启了解宜黄文化的一扇"小窗"，笔者将不胜欣慰。

《文化宜黄》的付梓出版，得到了国家文物局、宜黄县诸多领导同志鼓励、重视和支持，得到了诸多同事和朋友们的大力帮助。其中，图片大多为宜黄摄影家袁小明先生拍摄作品，陈卫星、严振宏等人为本书配图提供了个别相关图片，也有的图片为笔者拍摄。赵焕锋、邵剑飞、马微等同志帮助资料收集、打印和校对等，付出了辛劳。《宜黄名篇》（三篇）校译由笔者组织，由宜黄县一中王培士、兰佳友、吴瑛茹三位老师和吴鑫儒先生等人共同完成。在此一并感谢。

因资料所限，时间紧迫，本人水平不足，其中难免有错漏之处，敬请批评指正。

编 者
2017 年冬于宜黄